Bibliografische Information der Deutschen Nationalbibliothek:
Die Deutsche Nationalbibliothek verzeichnet diese Publikation in der
Deutschen Nationalbibliografie; detaillierte bibliografische Daten sind
im Internet über http://dnb.dnb.de abrufbar.

Herstellung und Verlag: BoD – Books on Demand, Norderstedt

ISBN: 9783756225224

Von Hunden und Menschen

Ulrike Tulka

Inhalt

Dieses Buch ist kein hundertelfter Erziehungsratgeber. Davon gibt es schon viele. Diesbezüglich bin ich auch kein Profi, auch wenn Hunde mich schon mein ganzes Leben lang begleiten. Auch 55 Jahre Hundeerfahrung machen aus einem Menschen keinen Kynologen. Dafür gibt es Hundeverhaltensforscher, Biologen, Hundetrainer.

Einer meiner Aufgaben ist die Ausbildung von Lehrkräften mit ihren Schulhunden, die pädagogisch tätig sind und somit als Multiplikatoren gelten für die Vermittlung von Wissen rund um den Hund für die Allgemeinheit. Dort begegnet mir eine große Bandbreite an Fachkunde, aber auch an falschen Erwartungen an unsere vierbeinigen Helfer.

Ich habe keine neue Erziehungsmethode erfunden, wie viele Hundetrainer das von sich glauben machen wollen. Ich habe auch nicht des Rätsels Lösung zu der Frage: Wie mache ich aus einem völlig unerzogenen Hund in wenigen Stunden einen Engel?

Des Rätsels Lösung gibt es auch nicht, sind doch unsere Hunde wie wir Besitzer Individuen. Verhaltensänderungen brauchen Zeit.

Wofür ich werbe, ist die Erwartungshaltung zu hinterfragen, mit der wir Hunde halten. Es werden immer mehr. Wir leben in einer Gesellschaft mit so vielen Hunden wie noch nie, und gleichzeitig sind es immer weniger Menschen, die tatsächlich mit Hunden in den Bereichen arbeiten, für die sie ursprünglich gezüchtet sind.

Die Bevölkerungsdichte nimmt zu und mit ihr die Hundedichte. 2021 lebten 34,7 Millionen Hunde in deutschen Haushalten. Dies geschah, wie man sich denken kann, nicht immer konfliktfrei. Vor allem in Städten, in denen man sich gar nicht ausweichen kann, wird die Situation dramatisch und äußert sich im Zorn aufeinander, auch in den Medien.

Für ein friedliches Zusammenleben wären Grundkenntnisse über unsere Vierbeiner, aber auch Empathie mit unseren Mitmenschen und Verständnis für deren Bedürfnislagen sinnvoll.

Einige Leser und Leserinnen werden die Nase rümpfen und entgegnen, es wären Selbstverständlichkeiten, die in diesem Buch niedergeschrieben sind. Dann gratuliere ich Ihnen. Doch ich muss leider entgegnen: Meine tägliche Erfahrung ist leider eine andere.

Wir müssen uns viel mehr mit den Bedürfnissen unserer Hunde, aber auch mit denen unserer Mitmenschen auseinandersetzen, wenn wir friedlich zusammenleben wollen.

Der Wolf ist weder des Menschen Freund noch Feind. Er ist ein Gefährte, mit dem wir die Wunder der Erde teilen.

L. David Mech

Dass der Hund vom Wolf abstammt, ist gemeinhin bekannt. Wir haben es alle in der Grundschule gelernt. Und doch scheint das, was wir wissen, so abstrakt, dass viele diese Erkenntnisse nicht auf ihre Hunde übertragen können. Was bedeutet das konkret?

Vorstellungen über Wölfe aus dem Grimm'schen Märchenschatz scheinen sich weit nachhaltiger in unsere Köpfe gefressen haben als die Erkenntnisse aus den Biologiebüchern.

Der Wolf ist ein Räuber, der metzelt und mordet in unseren Tierherden und schlachtet dort wahllos Tiere ab, so sind die Schlagzeilen. Blutrünstig zieht er durch unsere Medien. Wird die Bestie gesichtet, was selten genug vorkommt, erscheint der Wolf als

Ungeheuer in den Medien. Im Grunde wartet er nur darauf, dass er eines unserer Schulkinder an der Bushaltestelle erwischt. Auf dieser Ebene laufen die Diskussionen. Der Wolf polarisiert.

Laut dem Nabu[i] besteht die Nahrung des Wolfes tatsächlich aus 52 % Rehwild, 25 % Hirsch, 16 % Wildschwein, und man staune: aus 0,8 % Nutztieren. Der Rest entfällt auf Hasen, Damhirsch, Mufflon und sonstige. Die Zahlen aus anderen Ländern unterscheiden sich nur unwesentlich. Freilich sagt der Wolf, der bekanntermaßen keinen Spargel sticht, nicht nein zum gedeckten Buffet einer schlecht gesicherten Schafherde.

Der Mensch ist definitiv nicht auf seiner Speisekarte- zum Ärger der Jägerschaft aber das, was der Mensch an Wildtieren selbst essen möchte. Sicher ist, dass sich der Wolf die schwächeren Exemplare als Nahrung sucht, deren Jagd am wenigsten unfallträchtig ist: kranke und alte Tiere.

Aufgrund der Verbreitung der Wölfe muss sich der Mensch tatsächlich Gedanken machen um den Schutz seiner Weidetiere. Doch reicht das, um ein erneutes Bejagen zu rechtfertigen? Warum muss der Wolf seine Existenzberechtigung begründen?

Forschungen im Yellowstone Nationalpark zeigen, dass der Wolf sehr nützlich für ein gesundes biologisches Gleichgewicht ist. Er wirkt dort als stabilisierende Kraft. Man ist sich sicher: Durch den Wolf sind die Herden der Wapiti dort kleiner, stärker und gesünder.

Wölfe sind außergewöhnlich scheue Tiere. Sie lassen sich vertreiben, sie zeigen sich nur selten. Generell gehen Wölfe dem Menschen eher aus dem Weg.

In der Mythologie der nordamerikanischen Indianer ist der Wolf ebenfalls erwähnt. Viele amerikanische Ureinwohner verehrten den Wolf als Gründungsvater ihres Volkes. Die Ojibwe und andere Völker im Norden der USA und Kanada sehen im Wolf einen Bruder. Auch Inuit haben immer mit Wölfen zusammengelebt und tun es heute noch.

Während der Wolf, ein Dämonisiertes Tier, das als Nahrungskonkurrent des Menschen weitgehend ausgerottet war und sich erst in den letzten dreißig Jahren mühsam den Weg in unsere Wälder zurückerkämpft, um seine Existenzberechtigung ringen muss, gilt der Hund als der Retter in allen Lebenslagen. Der beste Freund des Menschen ist der Hund.

Wie kommt es zu diesem Spannungsfeld? Und wie vieles haben sie gemeinsam? Nun gibt es wenige Spezies, die man in solcher Variabilität im Laufe der Jahrhunderte verändert hat. Hunde haben sich in ihrem Exterieur oft weit von ihrem Urvater entfernt. Der Teacuppudel scheint kaum mehr Ähnlichkeiten mit dem Urahn zu haben. Oder doch?

Im Grunde seines Wesens ist auch der Hund ein Raubtier. Der Hund ist wie der Wolf ein Rudeltier. Beiden ist gemein: Sie sind sehr sozial und kooperativ. Wölfe gelten sogar als prosozialer als ihre Nachfahren, die Hunde, wenngleich sie nicht bereit sind, sich herumkommandieren zu lassen. Ein Hund lässt sich abrichten, ein Wolf nicht. Die Duldsamkeit, sich abrichten zu lassen, ist jedoch kein

Zeichen von sozialer Intelligenz oder gar Kooperationsbereitschaft.

Hunde sind omnivore Carnivore, also Allesfresser. Sie fressen alles, was für sie auf irgendeine Weise verwertbar ist. Während sie sich dem Menschen anschlossen, lebten sie weitgehend von deren Nahrungsresten, was nicht heißt, dass Sie zur Jagd nicht fähig wären. Was diesen Punkt angeht, unterschätzen viele Menschen ihre vierbeinigen Mitbewohner maßlos.

Hierzu ein Beispiel:

Eines Abends sah ich unseren uralten wuscheligen Hauskater mit einem jungen Kaninchen im Maul durch den Vorgarten schleichen. Das Kaninchen schrie entsetzlich. Die Augen des Katers blitzten vor Mordlust. Noch lebte das arme Tier. Ich versuchte, ihm das hilflose Kaninchen abspenstig zu machen und holte Hilfe, weil mir das nicht gelingen wollte. Der sonst so zahme Kater ließ sich die Beute nicht abnehmen. Auch zu fünft konnten wir nicht verhindern, was der Kater vorhatte: Er spielte das in Todespanik schreiende Tier langsam zu Tode, vor unseren Augen. Er zeigte Schnelligkeit und Behändigkeit, Geschick und Grausamkeit des wilden Jägers, und zerrte seine Beute schließlich nach endlosen Minuten in ein Gebüsch, um sie auszuweiden.

Wenige Tage später huschte unser Altdeutscher Schwarzer Hütehund im Treppenhaus an mir vorbei. Er trug den inzwischen stinkenden Kadaverrest des Kaninchens im Maul. Im Trab wirkte er wie ein Wolf, der seine Beute vor mir sichert. Den Nacken eingezogen, das Rückenhaar aufgestellt, drängte er mit von mir abgewandten Kopf in den Wohnbereich. Er brachte den Kaninchenbalg unserer spielenden Tochter und legte ihn vor sie auf den weißen Schafwollteppich.

Er wollte ihn mit ihr teilen. Im Grundsatz war das Ansinnen ehrenhaft und zeigte sein fürsorgliches Wesen dem Kleinkind gegenüber. Der Kopf des Kaninchens war noch vollständig, man konnte es noch klar identifizieren an der Zeichnung der Ohren mit den hellen Spitzen. Der Leib war von der Katze bereits ausgeweidet worden, die Innereien herausgefressen. Es wimmelte von Maden und stank.

Ich schicke unseren Hund wieder in den Garten, woraufhin er den Kadaver aufnahm, um ihn im Freien vollständig zu fressen. Er fraß ihn mit Schädel und Fell und er ließ kein Haar übrig.

Man sieht an dieser Geschichte, dass weder die Katze, dieses sonst so sanfte und zartfühlende Tier, sich scheut zu töten, obwohl sie es wahrlich nicht nötig hatte.

Liebe Leser, ihnen wäre nicht anders als mir zu Mute gewesen, wenn ein Tier, das mit Ihnen in der Wohnung lebt, abends neben ihrem Sofa sitzt und ihr Kind ableckt, ein derartiges „Nahrungsmittel" dem Trockenfutter im blinkenden, sauberen Futternapf vorzieht.

Auch die Katze hätte eine Dose geöffnet bekommen, wäre sie hereingekommen, um miauend um den Napf zu schleichen. Es war jedoch weit interessanter, sich auf die Jagd zu begeben. Der Kater ließ sich im Sommer manchmal tagelang nicht blicken. Er hielt sich auf den angrenzenden Wiesen und Feldern auf, um Mäuse zu jagen. Das ist seine Natur. Die Natur unserer Haustiere muss für uns weder appetitlich noch gnädig sein.

Nun vergessen viele, dass Hundefutter auch Fleisch enthält. Meist sind es Reste, die der Mensch nicht verwerten mag. Viele unserer Hunde scheuen sich auch nicht davor, andere Tiere zu töten. Sie tun es, ohne mit der Wimper zu zucken. Meine Hündin Lene tötete und fraß einen Hahn, ihre Vorgängerin holte sich Lämmer aus der Herde. Auch das ist Natur. Die Hunde aus der Schäferei fraßen nebenbei, was die Füchse übrigließen: Die Köpfe der Lämmer, die nachts getötet worden waren.

Die Hundefutterindustrie lässt sich hingegen immer wieder neues einfallen. Das teuerste Futter, das häufig schon den Fleischpreis menschlicher Nahrung übersteigt, ist ein industriell hergestelltes Produkt mit minderwertigen Resten und fragwürdigen Zusatzstoffen.

Manch ein Hundebesitzer kauft Fleisch von exotischen Tieren, das um die halbe Welt gekarrt wurde, aus Ländern, in denen die dortige Bevölkerung hungert, während bei uns die Landwirte keinen Absatz finden. Warum braucht ein Hund in Deutschland Fleisch vom afrikanischen Strauß, vom Gnu, Rentier oder vom Zebra? Hin und wieder stellt sich mir die Frage nach der ethischen Vertretbarkeit, auch angesichts der Klimakrise. Es grenzt an Perversion.

Gleichzeitig nimmt in Deutschland die Kinderarmut mehr und mehr zu. Während wir in den Kirchen Spenden sammeln, um den Kindern der angrenzenden Förderschule ein Frühstück zu ermöglichen, treffe ich Hundehalter in der Futtermittelabteilung eines Kaufhauses.

Man scheut sich nicht, für den Vierbeiner getrocknete Schweineohren zu erwerben, die einzeln so viel kosten wie ein Laib Brot. Es handelt sich hierbei um ein Abfallprodukt unserer Lebensmittelindustrie, das zudem noch unter furchtbaren Bedingungen produziert wurde. Wo bleibt da die Ethik?

Wir stellen in unserer Ethik eine Rangfolge der Tiere auf: Der Hund und unsere Haustiere stehen an oberster Stelle. Dann kommt das Nutztier. Es hat kaum Rechte an Wohlergehen, aber seine Lebensberechtigung ist durch den wirtschaftlichen Nutzen definiert. Schließlich kommen Wildtiere, die dem Menschen nützlich sind, und an unterster Stelle kommt der Wolf.

Diese Rangfolge treibt absurde Blüten. Einem Schwein mit 200 Kilogramm Körpergewicht steht gerade mal 1 qm zu. Einem großen Hund werden immerhin 10 qm zugestanden. Das zeigt seine Stellung. Eine sachliche Begründung gibt es hierfür nicht, allenfalls eine pekuniäre- denn unsere Politiker sind stets von Interessen der Wirtschaft, in diesem Fall der Landwirtschaft gesteuert.

Gleichzeitig gibt es in unserer Gesellschaft Kosmetiksalons für Hunde. Dort wird shampooniert und das Fell gefärbt, toupiert und gezupft. Es gibt Serien von Hundeparfüms und Nagellacke für den Hund. In den USA wird das noch überboten. Kastrierten Rüden werden Hoden aus Silikon eingesetzt, um dem Männlichkeitswahn des

Besitzers gerecht zu werden. Einen Artgenossen täuscht der Kastrat hierbei nicht.

Der alte Schäfer würde sich an die Stirn tippen. Ihm war klar, dass Kosmetik für Hunde eine Qual ist, obwohl er nie gelernt hat, dass eine Hundenase 125 Millionen Riechzellen hat, der Mensch hingegen nur 5 Millionen. Da der Hund überein zusätzliches Geruchsorgan verfügt, das Jakobson`sche Organ, das sich im Gaumen befindet, kann kein Mensch sich im Ansatz vorstellen, was wir einem Hund damit antun, wenn wir ihn in eine künstliche Duftwolke stellen.

Was Hasso sich wünschen würde, wäre kein Rosenduft, sondern Aasgeruch, Schafsdung oder Kuhfladen. Aber das möchten Sie, lieber Leser, nicht in der Wohnung haben.

Viele romantisieren die Natur und das Leben in Freiheit. Unsere Hunde könnten uns wieder den Weg zur Natur weisen, doch lassen wir das zu?

Nachts, in der Prärie unter dem bestirnten Himmel sprach ein alter Indianer zu seinem Enkel:

" In jedem Menschen leben zwei Wölfe und sie kämpfen jeden Tag miteinander. Der eine Wolf ist böse, hinterlistig, grausam, neidisch, eifersüchtig, voller Hass, verlogen und faul. Der andere Wolf ist gut, herzlich, mutig, mitfühlend, großzügig, friedliebend, verständnisvoll und wahrhaftig."

"Leben diese Wölfe, die jeden Tag kämpfen, auch in mir?" fragte der Enkel.

"Auch in Dir, mein Junge", lautete die Antwort. "Sag mir, Großvater, welcher von meinen Wölfen wird diesen Kampf gewinnen?"

Der alte Indianer strich seinem Enkel liebevoll über das Haar und antwortete bedächtig: "Der, den Du fütterst, mein Junge!"

Foto: Sara Tulka

Der Wunsch, ein Tier zu halten, entspringt einem uralten Grundmotiv- nämlich der Sehnsucht des Kulturmenschen nach dem verlorenen Paradies. (Konrad Lorenz)

Obwohl Hunde schon immer als bester Freund des Menschen galten, erlebte die Hundehaltung während der Corona- Pandemie 2020 und 2021 einen neuen Boom. Die Preise für Hundewelpen explodierten förmlich, verdoppelten und verdreifachten sich. Der Schwarzmarkt für illegal gezüchtete Hundewelpen blüht seitdem, in Ermangelung von verantwortungsvoll gezüchtetem Hundenachwuchs.

Menschen auf der Suche nach einem Hund schlagen bisweilen alle Warnungen in den Wind, was die Herkunft der Hundewelpen angeht. Aus Sicht des Tierschutzes ist das fatal.

Zu viele Menschen wenden sich in ihrer Verunsicherung und Einsamkeit an die Vierbeiner, welche die Sehnsucht nach Kontakt und Nähe erfüllen sollen.

Hunde ersetzen schon immer menschliche Kontakte, schenken ein Gefühl von Sicherheit, Geborgenheit und Nähe. Sie fühlen mit und hören zu. Ein aus meiner Sicht eher trauriger Spruch lautet „Das letzte Kind hat ein Fell". Es drückt aus, was nicht sein sollte: Der Hund als Kindersatz.

Die Wissenschaft hat längst belegt, dass Hunde das Wohlbefinden fördern, da menschliche Gehirne im Zusammensein mit dem vertrauten Vierbeiner Endorphine ausschütten, die für das Glücksgefühl verantwortlich sind. Während wir ein Tier streicheln, wird in unserem Körper Oxytocin ausgeschüttet.

Oxytocin ist für die Bindung zwischen Mutter und Kind verantwortlich und führt dazu, dass bei Säugetieren die Milch fließt. Bei Männern bewirkt es Sanftmut, was die These stützt, dass Hunde in Familien Streit und Eskalationen reduzieren.

Gleichzeitig wird das Stresshormon Cortisol reduziert. Das beruhigt. Die positive Beziehung zum Hund lässt sich sogar biologisch erklären und nachweisen.

Hunde helfen sogar bei der Bewältigung von Traumata, reduzieren Angstsymptome und Depressionen. Zudem hat man festgestellt, dass sich Hunde positiv auf das Immunsystem auswirken und außerdem Allergien reduzieren.

Wissenschaftler haben in Studien belegt, dass Hunde in der Familie die soziale Entwicklung der Kinder fördern. Die Familienmitglieder haben mehr Bewegung, die Kinder zeigen mehr Einfühlungsvermögen und Verantwortungsbewusstsein. Die Vorteile der Hundehaltung sind überzeugend.

Im Grundsatz mag das alles gut sein, die Frage ist nur, ob all diese Menschen die Verantwortung für den Vierbeiner über viele Jahre tragen wollen und können, auch wenn die Krisen vorbei sind und man wieder in ein normales Arbeitsleben zurückfindet.

Die zweite Frage ist, ob sich all diese Leute Gedanken gemacht haben über die Bedürfnisse der Vierbeiner, und wohl überlegt haben, was sie da ins Haus holen. Dass Hunde dazu da sind, das Sofa oder den Vorgarten zu schmücken, und allzeit als Kuschelpartner herhalten, war nicht immer so, und oft funktioniert das auch nur im Ansatz, wie man sich das vorgestellt hat.

Wo vor hundert Jahren ein Hund noch weitgehend in der ländlichen Bevölkerung dafür da war, das Haus und den Hof zu schützen, viele Stunden täglich Viehherden zusammenzutreiben oder dem Jäger beim Aufspüren und Verfolgen des Wildes behilflich zu sein, scheinen diese Fähigkeiten heute unerwünscht zu sein. Unsere Hunde haben die Fähigkeiten trotzdem.

Hundeschulen haben weit mehr damit zu tun, die Talente der Vierbeiner in richtige Bahnen zu lenken (denn abschalten lassen sich die Triebe der Hunde selten, wenn man sie Jahrhunderte genau daraufhin selektiert hat), wenn die Besitzer damit vollkommen überfordert sind. Was zuvor Wild hetzte oder Rinder in die Fersen biss, ist jetzt Familienhund, Gesellschafter für die alleingelassene Oma, Sportgefährte für die Mutter und Spielgefährte für Kinder.

Die Frage „Was haben wir uns da ins Haus geholt?" führt nicht selten zur Kapitulation und dem Ergebnis, das Tier irgendwie wieder loszuwerden. Die Zeitungen sind voll von Hunden, deren Besitzer just im Pubertätsalter des Hundes erkennen, dass der zweibeinige Nachwuchs doch eine Allergie hat oder man schlichtweg keine Zeit mehr findet, dem Tier gerecht zu werden.

Nun weiß man ja im Grunde schon vor der Anschaffung des Hundes, dass ein Hund Gassi muss, auch wenn es regnet. Dass der Vierbeiner vom einsamen Warten in der Wohnung nicht viel hält, wenn Herrchen zehn Stunden am Tag außer Haus ist, um zu arbeiten- ja, damit hätte man rechnen müssen. Wer dann vor Entsetzen Schnappatmung bekommt, wenn er nach dem ersten Arbeitstag die Wohnung nicht mehr wiedererkennt, hat über die Bedürfnisse seines Rudeltieres nicht nachgedacht, das jung und unerfahren Panik bekommt, wenn es allein ist, und dieser Panik mit Zerstörung des Mobiliars Luft macht. Alleinbleiben muss geübt werden, damit der Hund das Vertrauen erwirbt, dass man wiederkommt. Der eine Hund schafft es früher, der andere später, der nächste nie.

Es ist auch Tatsache, dass man sich Gedanken machen sollte, wo der Vierbeiner bleiben soll, wenn der Familienurlaub naht. Tierheime können ein Lied davon singen, dass das häufig nicht der Fall ist. Jedes Jahr sind um die Urlaubszeit die Tierheime überfüllt mit ausgesetzten Hunden.

Die Tatsache, dass Hunde vom Gesetz her gechippt sein müssen, um identifiziert werden zu können, zeigt, wie viele Leute sich um Gesetze und Auflagen nicht kümmern. Die Unmengen Listenhunde, die jedes Jahr den Besitzern abgenommen werden, weil sie die Auflagen nicht erfüllen, sind ein weiteres Thema. Es ist traurig, doch auch hier hält sich mein Mitleid in Grenzen. Man weiß die Spielregeln vor Anschaffung des Hundes. Überraschen dürfte das nicht. Last but not least wäre da die Frage nach der

Sachkunde vor der Anschaffung eines großen Hundes.

Der Jäger oder Landwirt, der vor Jahrzehnten mit Tieren arbeitete, verfügte über einen enormen Erfahrungsschatz im Umgang mit den vierbeinigen Arbeitskollegen, der von Generation zu Generation weitergegeben wurde und heute verloren gegangen ist. Viele schaffen sich vollkommen blauäugig einen Hund an, weil die Kinder einen wollen oder der Nachbar auch einen hat. Wie sich das mit der Erziehung verhält, wird sich dann schon zeigen.

Mancher entscheidet sich für eine Hunderasse, weil er einmal jemand kannte, der einen ganz wundervollen Vertreter dieser Rasse besaß. Dass dies aber Ergebnis einer langjährigen Erziehungsarbeit war, wird erst bewusst, wenn man dann ein Exemplar derselben Rasse, jedoch ohne Manieren zu Hause sitzen hat.

So verzweifelte eine ältere Dame förmlich, weil der Jagdterrier, den sie aus dem Tierheim geholt hat, und der so süß dreingeschaut hat, in Ermangelung jeglicher Führung oder Aufgabe des Nachbars Katze killte.

Auch wenn jetzt die Tierschützer aufschreien, der Mensch sei die größte Bestie, der den Hund aggressiv mache, muss ich widersprechen. Dem Hund ist Aggression zu eigen, denn nur so hat er überlebt und war in der Lage, seine Aufgaben zu erledigen, die der Mensch ihm jahrhundertelang gab.

Ein Jagdhund ohne Aggression jagt nicht, der Hütehund zeigt auch nur eine Sequenz aus dem Jagdverhalten beim Hüten, meist oder zum Glück ohne finales Ende, und der Wachhund hat häufig gewisse territoriale Neigungen, sonst würde er die Ankunft des Briefträgers verschlafen.

Ob uns das passt oder nicht: Wenn jetzt also der gelangweilte und nicht sozialisierte Terrier auf eine Horde rennender Kinder trifft, ist das häufig nicht mehr als ein erweckter Jagdtrieb, der hier zu im schlimmsten Fall tödlichen Unfällen führt, ohne dass man dem Tier die Handlung der Verfolgung hätte erklären müssen und ohne dass der Hund dabei bösartige Absichten gehegt hätte. Er tat was sein

Instinkt ihn hieß zu tun. Mit Gut und böse hat das nichts zu tun.

Hunde sind grundsätzlich zur Zusammenarbeit fähig, zum sozialen miteinander. Nur so sind sie zur gemeinsamen Jagd oder zum Hüten geeignet. Es ist Teamwork, was da zum Erfolg führt. Dennoch sind sie vom Instinkt geleitet.

Es ist nicht so, dass man einem Hund beibringen kann, dass Jagd grundsätzlich schlecht ist. Man kann ihm sagen, während man danebensteht, dass man sein Ansinnen jetzt doof findet und dass er stattdessen etwas anders tun soll: Sitzen und bleiben, zum Beispiel. Wenn man in gewisser Weise ausdiskutiert hat, dass der Mensch und nicht der Hund zur Jagd blasen darf, tut er das auch.

Manchmal ist also der Mensch in der Lage, Impulse des Hundes zu kontrollieren, mit entsprechender Ausbildung und Übung. Dazu muss er aber in diesem Moment mit dem Hund in Kommunikation treten. Tut er das nicht, muss der Mensch damit rechnen, dass der Hund das tut, was ihm seine Natur sagt: Jagd ist berauschend schön, carpe diem- und weg ist er.

Jeder Schäfer kann ein Lied davon singen, wenn einer seiner Altdeutschen Hütehunde nach getaner Arbeit doch ein Lamm wegschleppt. Nachtisch schadet nie. Wenn er den Hund erwischt, gibt es Gemecker, aber ansonsten zuckt der Schäfer mit der Schulter. „Es ist halt ein Hund", würde der Schäfer sagen. „Hätte ich besser aufgepasst, wäre das nicht passiert." Er ist sich dessen bewusst, dass er ein Raubtier mit sich führt. Auch die Schafe wissen das. Wer beobachtet, wie sich ein Altdeutscher Hütehund mit Scheinattacken auf den Nacken eines Schafes stürzt, wenn das nicht direkt in die Richtung flüchtet, in die der Hund es haben will, sieht das ein.

Der Bezug zur Natur ist vielerorts verloren gegangen. In meinem Hauptberuf als Lehrerin in einer Kleinstadt mit ländlichem Umfeld staune ich oftmals, wenn Kinder mit zehn oder elf Jahren keine Blume benennen können, und ihnen nicht klar ist, dass eine Kuh dann Milch gibt, wenn sie ein Kalb geboren hat. Ich grub den Kindern während einer ausgiebigen

Reihe über Frühlingsgedichte ein Stück Wiese aus samt dazugehörigem Mutterboden, legte alles in eine Schale und stellte das Ganze auf mein Lehrerpult. Die leuchtenden Kinderaugen, die vielen Erkenntnisse beim Beobachten dieses Stückes Wiese gehörten zu den Sternstunden meines Lehrerdaseins. Die Kinder hatten bis dato noch nie wahrgenommen, dass ein Gänseblümchen die Blütenblätter in der Nacht schließen konnte und erst mit der Sonne wieder öffnete. Dass diese Wiese lebt, war den Kindern bis dahin verborgen geblieben.

Wenn ich diesen Kindern erkläre, dass eine Kuh nur Milch gibt, weil sie ein Kalb hat, staunen sie.

Das Verhältnis zur Natur ist häufig weniger geprägt durch direkte Erfahrung, durch die Beobachtung und Wahrnehmung der Bedürfnisse und Verhaltensweisen von Lebewesen in der Natur, als durch Filme und Medien. Diese wecken völlig überzogene Erwartungen, denen kein Tier gerecht werden kann.

Hunde haben keine übernatürlichen Kräfte. Tiere leben im Hier und Jetzt. Sie beurteilen eine Situation danach, welche Handlungsweise für sie in diesem Moment Vorteile bringt. Sie tun nichts, um dem Menschen zu schaden. Ihre Handlungsweisen sind nicht in Kategorien wie gut oder böse einzuteilen.

Sie verfügen über keine menschliche Ethik, und wenn die Jagdlust ruft, ist dem Dackel vollkommen gleichgültig, ob Sie dann drei Stunden am Parkplatz auf seine Rückkehr warten müssen und Sie danach Ärger mit ihrem Chef haben. Er tut das nicht böswillig.

Seine Natur gibt ihm vor, was er zu tun hat, wenn ihm der Duft des Fuchses in die Nase kommt. Er hört Sie dann auch nicht mehr, wenn Sie seinen Namen brüllen, solange ihm der Duft der Glückseligkeit in die Nase steigt und er wie von einem Magnet angezogen diesem Duft folgt. Wenn er zurückkommt und Sie ihn strafen, wird er allenfalls daraus folgern, dass zurückzukommen eine schlechte Idee war.

Können wir das akzeptieren?

F reude an einem Hund haben Sie erst, wenn Sie nicht versuchen, aus ihm einen halben Menschen zu machen. Ziehen Sie stattdessen doch einmal die Möglichkeit in Betracht, selbst zu einem halben Hund zu werden.

(Edward Hoagland)

Auch wenn wir unseren Hund nicht daraufhin auswählen, dass wir einen Arbeitskollegen suchen für besondere Aufgaben, wie etwa Jagd oder Schutzdienst, sondern nur einen treuen Freund und Begleiter haben wollen, sollten wir uns über die ursprüngliche Verwendung unserer häufig hoch spezialisierten Hunde Gedanken machen.

Der Hund, das angeblich so geliebte Wesen, ist oft der leidtragende, wenn man ihn als Ersatz für einen Therapeut hernimmt, zum Gefährten gegen die Einsamkeit und zum Erfüllen der menschlichen

Bedürfnisse, wenn wir seinen Ursprung dabei verleugnen. Wir versuchen, ihn zu etwas zu machen, was er nicht ist. Wenn Mensch und Hund nicht zusammenpassen, ist das fatal, vor allem für den Hund.

Ebenso traurig ist es, wenn er nach äußeren Kriterien oder dem Image seiner Rasse ausgewählt wird, ohne dass der Mensch sich überlegt, was dessen Bedürfnisse sind und was der Mensch diesbezüglich dem Hund zu bieten hat. Damit sollte man sich auseinandersetzen, am besten vor der Anschaffung eines Hundes.

Derjenige, der einen Hund als Arbeitsgefährten braucht, weiß, wonach er suchen muss. Ein Jäger selektiert die Rasse exakt nach seinen Bedürfnissen, denn es ist ein Unterschied, ob man einen Vorstehhund, einen Apportierhund oder einen Hund für die Fuchsjagd benötigt.

Natürlich sucht sich ein Hundeführer einen Schutzhund, der imposant und temperamentvoll genug ist, um das sportlich anspruchsvolle Training zu schaffen, und wird dabei einen gesunden selbstbewussten Welpen aus entsprechenden Zuchtlinien wählen.

Der Schäfer weiß, ob er einen Herdenschutzhund, einen Herdentreibhund oder Koppelgebrauchshund sucht, je nach Tätigkeitsfeld. Für solche Aufgaben reichen Profis die Spezialisten unter den Hunden an Profis weiter. Es sind Leistungszuchten, die an dieser Stelle auch ihre Daseinsberechtigung haben. Die Leistungszucht ist demnach sinnvoll und notwendig.

Nun sollte sich jeder Hundefreund gut überlegen, welche Eigenschaften er sich von einem Hund wünscht und was er dem jeweiligen Hund bieten kann, um seine natürlichen Anlagen zu fördern.

Ich selbst, das muss ich leider gestehen, habe kaum eines meiner Tiere auf diese Weise erworben. Meist hat das Schicksal entschieden, und sie kamen irgendwie zu mir. Unser Bardino, ein Herdenschutzhund, kam zu mir, weil er der Vorbesitzerin die Rippen brach auf der Jagd nach Enten im Stadtpark und sie einsah, dass das Leben in der Stadt dem Hund keine Erfüllung bescherte. Für ihn war es freudvoller, auf meiner Pferdeweide mit seinem Hundekumpel nach Mäusen zu buddeln und lange Ausritte durch die Wälder zu begleiten. Die Stadt mit ihren Straßen, dem Lärm und den Autoabgasen in Höhe der Hundenase war nicht seine Welt. Er ging zwar mit, doch sah man ihn bald lustlos und erschöpft daher trotten, während er in Wald und Flur vor Temperament nur so strotzte.

Obwohl ich mir immer vornahm, einen Hund vom Züchter großzuziehen, verdanke ich selbst einem Auslandstierschutzhund alles, was ich je über Hunde gelernt habe. Wir wollten einen kleinen Familienhund als Nachfolger für unseren verstorbenen Bardino. Unsere Tochter war gerade 1 Jahr alt, und meine Elternzeit schien ideal, um auch noch einen Hund in die Familie zu holen. Mir wurde ein kleiner schwarzer Welpe aus einer Tötungsstation in Ungarn angeboten. Dass der Hund sterbenskrank war, ist ein anderes Thema. Unser Tierarzt hatte wenig Hoffnung, dass er überleben würde, doch er wuchs. Hätte ich vorher gewusst was auf mich zukommt, hätte ich ihn wahrscheinlich in der Puszta gelassen. Ein Glück für alle, dass ich das nicht wusste.

Das äußere Erscheinungsbild und auch sein Charakter waren auf den ersten Blick nicht das, was wir erhofft hatten. Wir wollten einen kleinen, wohnungstauglichen, unkomplizierten Familienhund. In unserer Familie mit Kleinkind lebte bald ein vierzig Kilo schwerer schwarzer Rüde, ein reiner Altdeutscher Hütehund mit stark ausgeprägtem Hütetrieb und einem Nackengriff, der sich sehen lassen konnte. Er wollte partout nicht in einer Wohnung leben und hatte gänzlich andere Vorstellungen von Freizeitgestaltung als wir.

Die Familie gab nach, verbrachte nun die Freizeit auf Hundeplätzen, in Rettungshundestaffeln und auf Schafweiden. Der Hund bestimmte unser Freizeitverhalten und erzog uns. Darauf hatte uns keiner vorbereitet. Nach dreißig Kilometer Wanderung oder Radtouren fragte er ungläubig: „Und was machen wir jetzt?"

Bei aller Vehemenz, die er an der Herde an den Tag legte, und allem ernsthaften Schutztrieb des Nachts, war er lieb und freundlich zu Fremden und absolut souverän gegenüber anderen Hunden.

Unvergesslich, als er im Alter einmal allein spazieren ging, weil die Haustür offenstand, und im Nachbarsort treudoof in das Fahrzeug des UPS-Fahrers einstieg, der ihn auf seinem Beifahrersitz zurückbrachte. Statt „Ich habe ein Paket für sie" tönte es an der Türe „Ich habe einen Hund für Sie". Er hätte diesem Menschen niemals ein Haar gekrümmt. So sehr wir unseren Puma liebten, er war unglaublich anstrengend. Dafür war er ein treuer Begleiter über fast 15 Jahre.

Nun ist zu solchen Anstrengungen nicht jeder bereit. Ich hatte Freude daran, mit Kind im Tragetuch Agility zu treiben oder Mantrailing. Deshalb sollte man sich im Vorfeld überlegen, was unsere Hausgenossen mitbringen an Talenten und wie weit wir bereit sind, ihnen entgegenzukommen.

Jede einzelne Rasse hat ihre Vorzüge und Tücken, und das alles aufzuzählen würde das Ansinnen des Buches sprengen. Ich fasse deshalb grob zusammen:

Hüter und Beschützer

Hierzu rechnen ich die große Anzahl der Schäferhunde, aber auch die Herdenschutzhunde, allen voran die von der FCI benannten Berghunde, die sich in vielen Ländern entwickelt haben.

Herdenschutzhunde sind oft große, schwere Hunde, die ihrer Familie treu ergeben sind. Sie zeichnen sich aus durch ihr angenehmes, gemütliches Wesen, solange sie sich und ihre Herde nicht in Gefahr sehen. Dabei haben sie nicht selten eine hohe Toleranzschwelle.

Sie haben eine große Begabung, sich in der Herde so zu verhalten, dass sie nicht als Angreifer wahrgenommen werden. Gute Herdenschutzhunde werden von klein an in die Herde integriert und leben zwischen den Tieren. Sie sind in der Lage, auch in Nässe und Kälte draußen zu schlafen. Ihr Fell ist dicht und wasserabweisend und sie sind für kalte Gegenden gut gerüstet.

Sicherlich eine der ursprünglichen Aufgaben eines Hundes war seine Fähigkeit, des Menschen Hab und Gut vor Angreifern zu verteidigen. Während in Afrika der Rhodesian Ridgeback Herden vor Löwen schützt, stellt sich der Kaukasische Owtscharka in seinem Heimatland dem Bären entgegen und der Kangal nimmt es in der Türkei mit einem Wolfsrudel auf. Mit dem Pyrenäenberghund ist im Ernstfall auch nicht zu spaßen.

Auch die Sennenhunde haben ordentlich Schutztrieb. Sie suchen sich gerne eine erhöhte Position, um dort herumzuliegen, wo sie alles im Blick haben, und verbringen den ganzen Tag damit, ihre Augen in die Ferne schweifen zu lassen.

Es sind Beobachter, die im Blick haben wollen, wer kommt, und häufig in der Dämmerung und in der Nacht noch wachsamer und aktiver sind als am Tage: Dann, wenn Raubwild normalerweise um die Herden schleicht.

Ob diese Hunde reizarm in einer Stadtwohnung glücklich werden können, stelle ich nun einmal in den Raum. Das Bewachen eines Sofas dürfte für eine

Auslastung dieser selbständigen und selbstbewussten Hunde nicht reichen.

Wer einen Rottweiler oder Kangal sein Eigen nennt, sollte zumindest standfest sein, falls der Hund in Wallung gerät. Auch andere Herdenschutzhunde verfügen gern über Territorialtrieb, und entscheiden selbst, wie weit sie ihr Territorium ausdehnen, und wen sie in ihr Territorium lassen. Auch sie zeigen sich abends und nachts äußerst wehrhaft. Wenn ein Kangal auf einem Grundstück frei herumläuft, dürfte es ein Einbrecher schwer haben.

Weglaufen vor so einem Hund ist grundsätzlich keine Option, das möchte ich an dieser Stelle einmal erwähnt haben. Es ist bei keinem Hund eine Option, denn der Hund ist immer schneller. Rückzug in ruhigen Bewegungen wäre hier angesagt. Bisse von Herdenschutzhunden sind keine Seltenheit, Bisse von Wölfen schon.

Dem Verhältnis zur Nachbarschaft ist zudem nicht förderlich, wenn die Nachbarin mit ihrem Dackel des Nachts noch am Grundstück vorbeikommt, das nicht ausreichend gesichert ist, und der Kangal beschließt, dass der Dackel auf dem Gehweg davor nichts zu suchen hätte. Diese Ansicht könnte zu ernsthaften Konflikten führen, denn oftmals macht der Kangal kurzen Prozess, und einen Tierarzt aufzusuchen wird dann nichts mehr nützen, wenn der Kangal sein Werk beendet hat.

Das ist auch der Grund, warum viele Schäfereien vor dem Einsatz dieser Hunde zurückschrecken. Die Herde wäre gut geschützt, aber die Verantwortung ist kaum zu tragen, wenn Nachbarskinder, Wanderer oder andere Fremde über die Weiden laufen. Auch Haftungsfragen sind in diesem Fall nicht geklärt.

Der Wolf scheut die Ballungsgebiete der Menschen nicht und bedient sich dort am gedeckten Tisch der Herdentiere- die Menschen haben jedoch nicht gelernt, die Schutzhunde zu respektieren und sich angemessen an Viehherden zu verhalten.

Man kann am Kölner Rheinufer gut beobachten, wie Städter sonntags mit den Kindern zu den Schäflein gehen, ihre Hunde mitbringen, die dann am Zaun auf und abrennen und die Kinder bei den Schafen spielen lassen. Ein Herdenschutzhund würde da rotsehen. Man müsste eine zusätzliche Schutzzone einrichten für die Menschen, was deren Naherholungsgebiete massiv einschränkt.

Man tut gut daran, sich über die Sozialisierung von solchen Hunden zu belesen und nicht zu naiv an die Sache heranzugehen, angesichts der Kräfte dieser Hunde.

Die heute sportlichen, im Schutzdienst verwendeten Hunderassen werden oftmals von Militär, Polizei und Zoll genutzt, welche auch großen Einfluss auf die Zucht nehmen: Die Behörden zahlen gut und es bringt dem Züchter große Ehre ein, wenn seine Hunde in den anspruchsvollen Dienst gehen.

Der Deutsche Schäferhund wird gezielt daraufhin selektiert, kamptriebstark, stockunempfindlich und mit einem rücksichtslosen Verfolgungstrieb ausgestattet zu sein. Nur wenige dieser Exemplare finden tatsächlich Verwendung in ihrem ursprünglichen Aufgabenfeld. Die Mehrzahl dümpelt als Familienhund vor sich hin oder vergnügt sich mehr oder weniger im Breitensport.

In Familien, so muss man leider sagen, kommt dieser rücksichtslose Verfolgungstrieb nun wirklich nicht zum Tragen, wenn der Schäferhund Nachbars Kinder hetzt oder den Briefträger. Der eigenen Familie gegenüber sind diese Hunde bei guter Behandlung meist treu ergeben, doch brauchen sie fachkundige Führung.

Fremden gegenüber können sie schon einmal etwas viel Engagement an den Tag legen. Gänzlich fragwürdig sind die Hunde dann in den mehr oder weniger fachkundigen Händen von Vereinen, welche Schutzhundesport treiben. Dort wollen oftmals Laien mit ihren Hunden auf der Jagd nach Medaillen brillieren, scheuen dabei häufig keine Starkzwangsmittel wie Stachelhalsband und Teletaktgeräte. Der Einsatz solcher Mittel ist zwar verboten, doch sind sie überall frei zu erwerben.

Auch wenn solche aversiven Methoden nicht sein dürfen, sind die Hundeplätze nicht ohne Grund hinter hohen Hecken versteckt, und so manches Hilfsmittel verschwindet, wenn man als Fremder das Gelände betritt. Die Methoden der Ausbildung reichen in die

Nachkriegszeit zurück, es wird gebrüllt und geschrien. Im Grunde muss der Sinn hinterfragt werden, ein Tier derart abzurichten, dass es für sportliche Zwecke auf Menschen gehetzt wird.

Ein gut ausgebildeter Schutzhund ist eine Freude, keine Frage, doch wie viele sind das? Benötigt man so einen Hund als normaler Bürger? Der Deutsche Schäferhund, beziehungsweise auch der nervöse Malinois, stehen nicht umsonst ganz oben in der Beißstatistik. Über den Grund macht sich kaum jemand Gedanken. Es sind nicht allein die Hunde, es ist bisweilen auch die falsche Ausbildung mit aversiven Mitteln, die zu solchen Katastrophen führen, nämlich dass unbeteiligte Menschen gebissen werden.

Der gefährlichste Hund ist nicht der mutigste, sondern der verängstigte, unsichere, der in jeder Bewegung eines Unbeteiligten einen Angriff vermutet. Solche Hunde sind unberechenbar, und ein falscher Blick oder eine falsche Handbewegung führt zur Eskalation. Dann wird ein Hund zur Gefahr, zumal in dieser Hundeszene kein Wert darauf gelegt wird, dass die Hunde untereinander sozialisiert werden, im Gegenteil. Schon beim Welpen wird in den Vereinen das Spiel unterbunden. Die natürliche Beißhemmung wird regelrecht abtrainiert, wenn mit dem jungen Tier schon auf den Schutzdienst vorbereitende Zerrspiele gemacht werden.

Während die einen auf Hundeplätzen zu nervlichen Wracks gemacht werden, die jedes Vertrauen in die Menschheit verloren haben, verbringen andere Vertreter derselben Rasse ihr Leben an der Seite von Behinderten und Blinden und leisten ihnen unersetzbare Dienste. Man sieht daran deutlich: Eine dem Hund gegenüber faire Ausbildung ist unverzichtbar und der beste Schutz gegen Unfälle.

So bestreite ich nicht, dass es auch sehr verträgliche Exemplare unter diesen Schutzhunderassen gibt- es gibt jedoch auch manche, die ein sehr ernsthaftes Wesen an den Tag legen, genau wissen, wozu sie auf der Welt sind und die Besitzer verantwortungsbewusst sein müssen, um mit diesen Hunden umzugehen. Die Ausprägung der territorialen Aggression und Wehrhaftigkeit kann sehr individuell sein.

Jagdgefährte

Auch wenn die Jagd von Tierschützern sehr kritisch gesehen wird, gibt es viele Aufgabenbereiche eines Jägers, die dem Tierschutz dienen und für die er einen guten Schweißhund braucht.

Mir lief letztes Jahr ein Reh vor das Auto. Es war nachts, und ich war sehr dankbar, dass sich der zuständige Jäger sofort mit seinem Hund auf den Weg machte, das verletzte Tier zu suchen und von seinem Leiden zu erlösen. Niemand will, dass ein Reh mit einem gebrochenen Bein durch den Wald laufen muss, um dort elendig unter Qualen zu Grunde zu gehen. Daran sollten wir denken, wenn wir einen Jäger sehen. Feindbilder sind da eher fehl am Platz.

Beginnen wir dem kleinsten Jagdhund, dem Dackel. Als ernsthafter Gebrauchshund häufig vollkommen unterschätzt, möchte ich betonen, dass der Dackel dazu gezüchtet wurde, Dachs und Fuchs nachzustellen. Der Fuchs ist ein Vertreter der Caniden, der wehrhaft ist und weiß, wie man die Zähne einsetzt. Der Dackel ist im Fuchsbau auf sich allein gestellt und muss, um zu überleben, eigene Entscheidungen fällen- und das schnell.

Der Dackel ist genauso ein passionierter Jäger, wie viele Bracken oder seine großen Jagdkollegen: Die Deutsch Drahthaar, Münsterländer, Weimaraner, Spaniel, Labradore bis zum ungarischen Viszla oder dem Hubertushund- alle haben gemeinsam, dass man sie zur Jagd nicht zweimal bitten muss. Sie leben bisweilen vollkommen in einer Geruchswelt und können dabei auch schon einmal die anderen Sinne abschalten. Geräusche wie ein Abrufkommando dringen dann nicht mehr bis zum Gehirn vor. Man kann ich das vorstellen wie einen Tunnelblick, nur eben mit der Nase.

Ich erlebte die großen Unterschiede bei der Ausbildung meiner Altdeutschen Tigerhündin Filou zum Flächensuchhund. Versteckte man beispielsweise ein Stück Wurst unter einem Tuch, war das für sie weg. Man musste ihr gezielt beibringen, zum Suchen ihre Nase einzusetzen.

Die Bracke, die mit ihr gemeinsam zur Rettungshundeprüfung antrat, hatte diese Probleme nicht. Dafür versuchte ihre Besitzerin schon Tage zuvor, das Suchgebiet von Rehwild freizuhalten. Wäre die Nase des Hundes in die Höhe gegangen, und hätte die Bracke mit geblähten Backen die Fährte eines Rehes aufgenommen, wäre sie wahrscheinlich jetzt noch unterwegs in den Tiefen der Eifel. Beim Mantrailing war die Bracke meiner Hündin haushoch überlegen, und man muss zugeben, dass die Arbeit an der Schleppleine beim Trailen für diesen Hund die bessere Alternative zur freien Flächensuche war, während meine Hündin sich auf die Entfernung wunderbar lenken ließ und nicht von ihrer Aufgabe abzubringen war.

Hat man einen Jagdhund, sollte man dem Bewegungsbedürfnis der Hunde auch körperlich gerecht werden. Ich denke da an eine todunglückliche Kollegin, welche sich körperlich stark eingeschränkt, gehbehindert und übergewichtig einen jungen, großen Jagdhund ins Haus holte, „weil er im Tierheim so süß aussah." Dieser nutzte jede Gelegenheit, um seiner Leidenschaft zu frönen, was dann in purer Verzweiflung und Tränen der Besitzerin endete. Diese Frau war weder körperlich dazu in der Lage, diesen Hund auszulasten, noch, ihn zu erziehen, und dies ließ er sie deutlich spüren. Liebe allein reicht nicht.

Jagdhunde hörten dann, wenn sie seine Besitzer oder seine Besitzerin absolut ernst nehmen. Sie sind zum Gehorsam fähig, auch wenn viele das nicht glauben. Kein Jagdhund hört nicht, weil es ein Jagdhund ist. Die Zugehörigkeit zur Gruppe der Jagdhunde ist keine Entschuldigung für fehlende Erziehung. Wer einmal eine Jagdprüfung besucht hat, weiß, dass diese Hunde im Gehorsam stehen können und müssen, denn der Gehorsam entscheidet angesichts einer angeschossenen Wildsau über Leben und Tod des Hundes. Dieser Gehorsam kommt nicht von allein. Er will erarbeitet sein. Der Hund benötigt ständige Aufmerksamkeit. Wer keine Leine nutzen möchte, ist mit diesem Hund falsch bedient. Der Fairness halber gehören diese Hunde gesichert, möchte man vom Spaziergang mit Hund zurückkommen und verhindern, dass der Hund hinter einem Reh her auf die Straße läuft.

Mit besonderer Eindringlichkeit und Ausdauer vermögen viele Terrier ihre Interessen durchzusetzen. Das Sprichwort „Er beißt sich fest wie ein Terrier an seiner Aufgabe" kommt nicht von ungefähr. Auch kleinere Exemplare gehen gern auf Ratten- oder Mäusejagd und zeigen dort Härte, Mut und Ausdauer. Bei genauerer Überlegung wird schnell klar, dass für solche Aufgaben große Schnelligkeit sowohl bei der Entscheidung als bei der Ausführung notwendig ist. Der Terrier fragt nicht lange, er fackelt nicht lange, er macht.

Er braucht Impulskontrolle, Training, Konsequenz, ansonsten macht er das, was ihm sein Jagdtrieb einflüstert und was ihn unsäglich glücklich macht. Er jagt. Das Glück steht ihm dabei ins Gesicht geschrieben und das ist unersetzbar. Sein Gehirn schüttet Adrenalin und Endorphine aus, welche ihn zu allem Überfluss noch schmerzunempfindlich machen. Für dieses Glück riskiert er sein Leben, und kein Leckerli der Welt, kein Lachs, keine Wurst hält ihn davon ab.

Er ist ein Profi auf seinem Gebiet. Und Sie müssen ein Profi werden, um ihm rechtzeitig anzusehen, wenn das Glück aus seinen Augen leuchtet, und rechtzeitig die Kommunikation aufbauen, solange er noch da ist. Wenn Sie gleichzeitig Kleinkinder beaufsichtigen müssen, damit sie nicht in eine Pfütze fallen, wird das anstrengend.

Der Hütehund

Der Hütehund wurde schon immer darauf selektiert, dass er mit dem Schäfer zusammen die Herde kontrolliert. Er ist gesegnet mit einem unbändigen Arbeitswillen, und meist einer gehörigen Überzeugungskraft. Wer sich einem Zuchtbock in den Weg stellt, und das täglich, braucht Selbstbewusstsein und Sturheit. Diese Eigenschaften entscheiden über Sieg oder Niederlage, und hat der Bock einmal gewonnen, kann der Hund einpacken, und die Herde macht, was sie will.

Ohne Hütehunde wären Schäfer kaum in der Lage, eine Herde von A nach B zu treiben. Sie schützen die Herde davor, in Felder zu laufen, was den Schäfer teuer zu stehen käme, und organisieren die Herde im Straßenverkehr. Schließlich sollen die Schafe auch nicht die Tulpen in den Vorgärten abfressen.

Diese Hunde zeichnen sich oft durch große Führbarkeit aus. Sicherlich schätzen auch in dieser Gruppe manche Hunde die Jagd, vor allem die Sichtjagd, aber meist kehren sie zum Besitzer zurück, sobald dieser außer Sicht- und Rufweite kommt. Die Zusammenarbeit ist ihre Spezialität, weswegen sie auch in Hundesportarten wie Agility, bei denen es auf Führbarkeit aus der Distanz ankommt, absolut brillieren.

Würde der Hund die Herde allein lassen und auf Hasenjagd gehen, und dabei über Stunden oder Tage verschwinden, wäre seine Brauchbarkeit an der

Herde in Frage gestellt. Der Schäfer ist angewiesen auf seinen Hund, und das weiß er auch.

Hütehunde haben ihre Vorzüge, aber auch ihre Tücken. Eine Zeitlang war der Border Collie in Mode, der durch seine nervliche Grundausstattung seine Besitzer in den Wahnsinn trieb. Auch wenn in einer Fernsehsendung eine junge Frau davor warnte, diese Rasse auszuwählen, die in ihrer Verzweiflung den unterbeschäftigten Hütehund lehrte, 180 verschiedene Spielzeuge auseinander zu halten, kauften sich alle möglichen Leute diese Hunde. Die Warnungen drangen nicht in die Köpfe vor, ich kann sie hier nur noch einmal wiederholen.

Meist sind Hütehunde, allen voran Treibhunde aber auch die Koppelgebrauchshunde, ausgesprochene Worcaholics. Ein Hütetag kann vierzehn Stunden dauern, es kommt vor, dass der Hütehund dabei mehr als 60 km zurücklegt. Es ist ein Läufer, schnell und ausdauernd. Dabei handelt er oft sogar selbständig, löst komplexe Aufgaben oder interpretiert die Haltung des Schäfers aus großer Entfernung. Der Schäfer einer Wanderschäferei hat keine Lust, dem Hund den ganzen Tag zu sagen, was er tun muss. Die besten Hunde sind die, welche erkennen worum es geht, und einfach machen.

Unser Rüde hatte eine genaue Vorstellung, wie eine Herde auszusehen hat. So stellte er auf einer Wanderung, während wir unachtsam waren, eine Rinderherde in Zweierreihen auf, in der Mitte der Weide, mit Abstand zum Zaun. Es war schwer, ihn davon abzubringen, war er einmal auf Betriebstemperatur. War das Programm einmal angeworfen, brauchte es Vehemenz, um ihn zu stoppen. So selbständig er an der Herde arbeitete, so selbständig arbeitete er als Trümmerhund und genauso selbständig zog er unsere Tochter aus einem Fluss. Seine Intelligenz, Kraft und Ausdauer waren beeindruckend.

Manche dieser Hunde sind in der Lage, allein 2000 Muttertiere mit ihren Lämmern zu kontrollieren, über Stunden hinweg. Sie treiben die Herde über Brücken und Engstellen, sammeln Lämmer ein oder schubsen sie wieder aus Bächen, nachdem sie ins Wasser gefallen sind, verhalten sich fürsorglich- und können im nächsten Moment zum Wolf mutieren. Man sollte ihnen nicht den Rücken zudrehen. Altdeutsche Hütehunde behalten stets den Überblick und erkennen die kleinste Unaufmerksamkeit der Menschen. Ihre Spezialität ist die Kontrolle.

Viele davon haben zusätzlich Schutztrieb und jagen potenzielle Angreifer gern in die Flucht, wobei ihnen die Größe des Angreifers ziemlich gleichgültig ist. Leider kommt es vor, dass manches dieser Exemplare in Privathand dazu neigt, die Zähne am Nachwuchs der Familie zu testen, oder aus Langeweile das Haus umdekoriert.

Ruhen muss man diesen Hunden erst beibringen. Sie haben eine Grundnervosität und ein enormes Energielevel, was leider beim reinen Begleithund Schwierigkeiten bereiten kann.

Um es kurz zu machen: Diese Hunde brauchen eine Aufgabe und jemand, der sie vor sich selbst schützt. Sie müssen Ruhe erlernen und brauchen Führung und Kontrolle.

Wenn ein Border Collie oder ein Altdeutscher Hütehund sie auf Schritt und Tritt verfolgt und auf ihre Fersen starrt, tut er das nicht aus Liebe. Er kontrolliert sie, und der Schritt ist nicht mehr weit, dass er durch gezieltes Zwacken Richtung und Tempo zu ändern versucht. So manch einer landet dann im Tierheim, gebrandmarkt als Beißer, dabei hat er aus seiner Sicht nur seinen Job gemacht.

Haben Sie einen Hütehund auf ihrer Seite und sind selbst sportlich orientiert, gibt es nichts Schöneres. Der Hütehund wird alles für Sie geben, seine Arbeitsbereitschaft und Energie ist beeindruckend und seine Vielseitigkeit und Härte im Sport macht ihn zu einem wunderbaren Begleiter. Ob Wandern, Radfahren, Schutzdienst, Agility, Fly ball, Zielobjektsuche, Obedience, Rettungshundearbeit, er wird alles begeistert mitmachen.

Möchten Sie allerdings abends nach getaner Arbeit nur um den Block, sind sie mit diesem Hund an der falschen Adresse.

Begleithunde

Reine Gesellschaft- und Begleithunde haben häufig eine handliche Größe. Sie sind genügsam, sanftmütig und eignen sich wunderbar auch für eine Stadtwohnung oder für Besitzer, die nicht täglich bei Wind und Wetter vier Stunden durch die Wälder stapfen wollen.

Es gibt sie in unterschiedlichsten Ausführungen: Langhaarig, kurzhaarig, mit Schlapp- oder Stehohren. Die Chihuahuas sind sehr beliebt geworden, aber auch die Yorkshireterrier, Malteser und Shi Tzu.

Leider mangelt es oftmals an deren Erziehung. Auch ein Gesellschaftshund erzieht sich nicht von allein. So gibt es unter diesen Hunden regelrechte Tyrannen: Kläffer, die jede Fliege zum Anlass nehmen, um aufzubrausen. Auch diese Hunde brauchen eine klare Führung, um zu wissen, welches Benehmen erwünscht ist.

Häufig sind diese Hunde die Herrscher des Hauses, ohne in ihrer Rolle glücklich zu sein. Sie sind damit maßlos überfordert. Ein Hund braucht, um zurecht zu kommen, einen Platz im Rudel. Er fühlt sich sicher, wenn er Führung hat.

Manchen Rassen dieser Kategorie, die rein nach äußeren Merkmalen, süß und adrett auszusehen, gezüchtet werden, muss man Qualzucht unterstellen.

Das Kindchenschema eines Mopses, eines Boston Terriers oder einer französischen Bulldogge führt dazu, dass das Tier nicht mehr frei atmen kann. Leider sind auch Englische Bulldoggen von dem Phänomen betroffen. Es wäre längst an der Zeit, solche Auswüchse zu verbieten, oder es würde über die Nachfrage geregelt, aber das bleibt wohl ein frommer Wunsch.

Auch Teacup- Hunde sind ein extremes Beispiel. Es sind im Grunde ihres Wesens Hunde, zum Spielzeug degradiert. Inzwischen gibt es einen Industriezweig für Hundebekleidung, Halsbänder mit Svarowskisteinen, Nagellack und Fellpflege. Es gibt Kosmetiksalons für Hunde, mit zertifizierten (!) Hundemasseuren.

Nun bin ich nicht gegen Fellpflege, aber ich bin dagegen, dass ein Tier seiner natürlichen Bedürfnisse beraubt wird, um einem Schönheitsideal zu entsprechen. Und atmen ist nun mal ein Grundbedürfnis. Schönheit sollte nicht auf Kosten der Gesundheit gehen. Das muss an dieser Stelle einmal gesagt sein. Wenn Bekleidung den Hund hindert zu kommunizieren, weil er Mützchen tragen muss mit Öhrchen, muss man den Sinn in Frage stellen. Ich rede nicht von wärmenden Mänteln für kranke Hunde, doch was manche mit ihren Tieren tun, ist nicht tiergerecht. Ein Hund ist kein Schmuckstück.

Leider sieht man oft glupschäugige Zwerghunde, die von fragwürdigen VIPs in Handtaschen durch die Gegend getragen wurden- ein aus meiner Sicht trauriger Anblick. Diese Hunde werden allenfalls als Puppen- und Kindersatz gehalten.

Der Hund als solcher wird nicht ernst genommen. Häufig geht man noch völlig respektlos mit ihm um. Viele Zwerghunde können sich nur noch durch Beißen wehren, und im Internet kursieren haufenweise Videos von Zwerghunden, über deren aggressives Gehabe sich der Pöbel lustig macht. Aber was müssen diese Tiere erdulden, wenn sie derart provoziert werden?

Man schleppt sie auf dem Arm herum, zieht ihnen Kleidung an, dreht sie auf den Rücken, hebt sie am Geschirr in die Höhe und tut alles, was jeden normalen Hund zur Weißglut bringt.

Die Hunde werden hinter dem Menschen hergezerrt, ohne jede Kommunikation, da sie ja nichts wiegen. Das könnte ein Besitzer eines großen Hundes nicht- oder er tut es nur ein mal. Der Hund große Hund zeigt Grenzen auf, der kleine versucht es nur und wird ausgelacht.

Der Exot

Eine Zeitlang sah man Huskys in Großstädten. Kaum eine Rasse profitiert so sehr von der Rudelhaltung wie ein Husky, so dass man fast davon abraten muss, einzelne Huskys zu halten. In überhitzten Stadtwohnungen haben diese Tiere nichts zu suchen. Für Menschen, die Zughundesport treiben wollen oder einen Begleiter fürs Training eines Marathonlaufs möchten, sind diese Hunde großartig.

Seit dem Film Hachiko sind Tosa Inus bekannt geworden. Es sind wundervolle Hunde, das ist keine Frage. Ich wundere mich dennoch, weshalb Menschen dazu tendieren, die seltensten Rassen haben zu wollen. Es mangelt an Erfahrung mit diesen Hunden. Mancher will solche Hunde, weil sie besonders sind, nicht weil sie das sind, was sie sind. Je seltener desto besser. Der Hund wird dadurch zum Statussymbol.

Mexikanische Nackthunde sind sicherlich aufsehenerregende Begleiter, doch benötigen sie auch spezielle Pflege oder Fürsorge. Ich bin immer noch der Ansicht, dass die bei uns heimischen Hunderassen eine gute Auswahl bieten und an unsere klimatischen Bedingungen gut angepasst sind.

Der Mischling

Diese Sorte stellt die größte Gruppe aller Hunde dar. Schon immer gibt es auch in Deutschland Mixe aller

Art. Heute wird dafür geworben, dass man gezielt Mixe züchtet, leider ohne Verbände und gesundheitliche Selektion. Diese Mode ist sehr fragwürdig, vor allem da man für diese Mixe heute ebenso viel bezahlen muss, wir für einen Rassehund. Das ist nicht gerechtfertigt.

Man darf nicht vergessen, dass der Züchter sich viel Mühe machen muss, um Zuchterlaubnis und Papiere zu bekommen. Die Tiere werden tierärztlich untersucht, dem Zuchtverband vorgestellt und präsentiert. Dafür nimmt er einen hohen Aufwand in Kauf, muss oftmals noch für einen passenden Rüden weit fahren. Die Welpen sind geimpft, gechippt und werden häufig mit viel Liebe und Sorgfalt aufgezogen.

Nun lässt der Hinterhofzüchter die Hündin auf die nächste Hundewiese und vom nächsten Rüden, der vorbeikommt und von weitem passend erscheint, decken. Decktaxe Fehlanzeige, Tierärztliche Untersuchung auch. Die Hündin bekommt Welpen und diese werden dann teuer verkauft. Wurmkur? Impfung? Fachwissen? Fehler erkannt?

Eigenartigerweise passieren diesem Züchter jedes Jahr dieselben „Unfälle", und ahnungslose Käufer wundern sich, wenn die Tiere krank sind.

Viele Hunde kommen aus dem Auslandstierschutz und werden inzwischen um den Globus geflogen. Diese Gruppe sind Überraschungspakete. Nicht nur, dass die genetische Disposition oft unbekannt ist- auch die Vorerfahrung der Hunde liegt im Dunklen. Es sind viele wundervolle, familientaugliche Hunde dabei, das ist keine Frage.

Oft aber gerät eine Familie mit einem Auslandsvermittlungshund an ihre Grenzen. Ein Hund, welcher ängstlich und unsicher im Umgang mit Zweibeinern geworden ist, kann durchaus gefährlich werden, und nicht wenige ziehen gar eine Flucht der heimischen Gemütlichkeit vor. Getrieben vor Angst rennen sie bei der ersten Gelegenheit davon- und fliehen dann Tage und Wochen durch unsere Wälder. Sie beschäftigen Hundesuchdienste, weil die naiven Besitzer glaubten, die süße Fellnase müsse doch ihre Liebe spüren und sich mit dankbarer Treue kenntlich zeigen.

Ich fing im Nachbarort einmal einen Kaukasischen Owtscharka- Mix ein, den eine Familie als Anfängerhund vermittelt bekommen hatte. Es dauerte keinen Tag, da biss der Hund der Mutter in den Arm, die nichts tat als am Kaffeetisch die Hand nach ihm auszustrecken, um ihn zu streicheln, sauste zur Verandatür hinaus und übersprang dann den 60 cm hohen Gartenzaun. Dann irrte er ziellos im Ort herum, an der Grundschule vorbei, überquerte Hauptstraßen...

Mir war nicht wohl, als dieser Riese neben mir auf dem Beifahrersitz saß, denn in den Kofferraum mit passendem Hundekäfig wollte er nicht hinein, und nach Streiten war mir nicht zumute. Also brachte ich ihn zur Feuerwehr. Diese wollten mit dem Hund möglichst nichts zu tun haben, da der Familienvater den Vorfall schon gemeldet hatte und baten mich, ihn zu beaufsichtigen, bis die Familie aus dem Krankenhaus zurückkäme. Die Unsicherheit, was jetzt zu tun sei, stand der Familie ins Gesicht geschrieben. Einerseits waren sie mir dankbar, andererseits fühlte ich, dass ihnen nun bewusst worden war, dass sie nicht nur einen Hund, sondern ein Problem hatten. Sie verstanden nicht, warum der Hund gebissen hatte und waren hilflos angesichts der Gefährlichkeit des Hundes und der Tatsache, dass er mit ihren kleinen Kindern im Haus lebte. Ich wüsste gerne, wie die Geschichte ausgegangen ist, aber leider werde ich es nie erfahren.

Dies ist nur ein Beispiel für eine vollkommen verantwortungslose Auslandstiervermittlung. Ein Hund mit diesem Potential, offensichtlich unsicher, gehört nicht in eine Familie mit Kindern. Das Grundstück war nicht gesichert, der Platz nicht überprüft, die Familie offenkundig nicht auf die Besonderheiten dieser Hunde vorbereitet. Es war ihr erster Hund, sie hatten sich darauf gefreut. Die Enttäuschung war nicht zu verbergen, mir taten die Leute und der Hund leid.

Es gibt viele dieser Beispiele, wie auch viele positive Fälle. Wir erleben das bei unseren Schulhunden oft, dass jemand im Urlaub ein Hund zugelaufen ist, der dann behalten wurde. Doch in diesen Fällen hat der Hund den Menschen ausgewählt. Es sind oft besondere Bindungen entstanden, und die Zusammenarbeit mit den Besitzern funktioniert reibungslos.

Manche Tierschutzhunde zeigen sich anpassungsfähig, kommen zwar aus dem Ausland, aber ohne schlechte Erfahrungen zu uns und fügen sich schnell in die Familie ein.

Dass ältere Hunde, welche in Freiheit gelebt haben, sich so problemlos binden können, passiert leider nicht oft. Wer bei diesen Konstellationen, bei denen Hunde regelrecht über Internetfotos ausgewählt und vermittelt werden, nicht gefragt wurde, ist der Hund, den man irgendwo auf der Straße eingefangen, eingesperrt und verschickt hat, und der sich nun in einer Art Kulturschock befindet.

Um Missverständnissen vorzubeugen: Ich bin nicht grundsätzlich gegen die Vermittlung von Tierschutzhunden, im Gegenteil. Der Erfolg jedoch steht und fällt mit der Qualität der Vermittlung und der anschließenden Begleitung. Leider findet diese Begleitung nicht statt. Im Grunde ist auch die Auslandstiervermittlung eine Art Handel geworden, über den es weit einfacher geworden ist, einen Hund zu bekommen als über hiesige Tierheime, die bei einer Vermittlung extrem hohe Anforderungen an den Tag legen, über deren Sinn man sich streiten kann.

Man darf jedenfalls nicht suggerieren, eine Vermittlung eines so süßen Wonneproppens, der im Ausland mit Steinen beworfen und verprügelt wurde, sei mühelos, und all diese Hunde suchen nur „ihre Familie". Das tun sie vielen Fällen nicht. Sie hatten oftmals eine Familie: Eine Gruppe Straßenhunde, mit denen sie sich gut verstanden, mit denen sie um die Häuser zogen, mit Flöhen, aber in Freiheit.

ANFORDERUNGEN AN DEN FAMILIENHUND

Natürlich kann man ohne Hund leben, es lohnt sich nur nicht. (Heinz Rühmann)

Ich werde immer wieder gefragt von Lehrerkollegen, welcher Hund beziehungsweise welche Rasse gewählt werden solle als Arbeitskollege, als Schulhund. Die Vorgaben unserer Bezirksregierung lauten, es solle eine Kinderfreundliche Rasse gewählt werden. Schaue ich bei den

Zuchtverbänden, habe ich noch keine einzige Rasse gefunden, bei welcher gesagt wird, der Hund sei nicht kinderfreundlich.

Was ist ein Familienhund? Es ist ein Konstrukt, das im Grunde Erwartungen verknüpft: Einfach zu erziehen soll er sein, freundlich zu allen Menschen und anderen Hunden, unkompliziert im Alltag. Kinderfreundlich sollen sie sein, andere Tiere in Ruhe lassen. Sauber sollen sie sein und unproblematisch. Sie sollen verspielt sein und treu, wenn man sie gerade nicht braucht, sollen sie schlafen.

Diese Hunde gibt es. Man findet sie in der Spielwarenabteilung. Kaum ein Hund kann diesen Anforderungen genügen. Es gibt auch kaum einen Zuchtverband, der nicht propagiere, sein Hund sei der ideale Familienhund. Keine Frage, von der Bordeauxdogge bis hin zum Rehpinscher hat jeder eine Eigenschaft, die ihn als Familienhund interessant macht.

Ich erlebte Molosser immensen Ausmaßes, mit deren Größe auch die Toleranz gegenüber Kindern gewachsen war. Ein grauer Mastino Neapolitano lag im Hof, um ihn herum der zweijährige Sohn der Tierheimleiterin mit dem Bobbycar. Nun hat ein Mastino Neapolitano lange Lefzen, welche normalerweise neben der Schnauze herabhängen. Wenn der Hund aber ruht und den Kopf auf den Boden legt, breiten sich die Lefzen zur Seite hin aus. Es dauerte nicht lange, da fuhr das Kind mit dem Rad dem schlafenden Hund über die Lefze. Jede Mutter hätte nun den Atem angehalten. Der Mastino klappte das Auge auf, sah das Kind, klappte es zu und schlief weiter.

Nicht weniger nervenstark und sorgsam war eine Bordauxdogge, welche mit ihrer Besitzerin unsere Schulhundeausbildung besuchte. In manchen Bundesländern als Listenhund eingetragen, war dies der kooperativste, liebevollste und sanfteste Schulhund, den wir je erleben durften. Die Dogge ließ sich anstandslos von Kleinkindern über den Agilityparcours führen, nahm mit großer Sanftmut Leckerli aus den kleinen Händen und blickte liebevoll und treu ergeben in die Welt. Sie tat ihren Dienst leider nur wenige Jahre in einer Grundschule, da sie früh verstarb.

Durch die Schulhunde erleben wir immer wieder ausgesprochen gute Familienhunde aus allen Rassengruppen, vom Windhund bis zum Zwergpinscher.

Aber alle diese ursprünglichen Aufgaben, Vorerfahrungen und Talente der Rassen können ihre Tücken im Alltag als Familienhund haben. Wir müssen darauf gefasst sein, die Potentiale der Hunde nutzen und in sinnvolle Bahnen lenken. Wir müssen im Vorfeld darüber nachdenken, ob wir in unserer Situation, mit unseren Vorlieben an Freizeitgestaltung, mit unseren Fähigkeiten, diesem Hund gerecht werden. Nur so haben alle Beteiligten Freude daran.

Bei der Wahl des Hundes sollte man Modeerscheinungen oder das äußere Erscheinungsbild außer Acht lassen. Auch wenn wir den American Staffordshire Terrier süß finden, reicht der gute Wille oft nicht, um ihn zu einem guten Begleiter zu machen. Er braucht Zeit, er braucht geistige Anregung, er braucht Beschäftigung, eine ruhige souveräne Führung und im Zweifelsfall auch Standfestigkeit für diesen Kraftprotz.

Die Mode der Listenhunde ist ein langwieriges Thema. Aus meiner Sicht hat die Szene der „Kampfschmuserfreunde" das Wesen der Hunde völlig verklärt. Die meisten Listenhunde sind durchaus liebe, familientaugliche Hunde, wenn man außer Acht lässt, dass es sich um Hunde mit enormer Kraft handelt, die häufig wenig Wert auf Kontakte mit Artgenossen legen, und ordentlich mit Jagdtrieb gesegnet sind, oder drücken wir es anders aus: sie diskutieren nicht lange. Es sind Terrier.

Dass dies ein Gefahrenpotential birgt, versteht sich von selbst, und dass es hierzu erfahrene Besitzer braucht, welche Verantwortung übernehmen. Menschen, die diese Hunde haben, um ihr Selbstbewusstsein aufzupolieren, die über eine labile Persönlichkeit verfügen, sollten solche Hunde nicht führen, aber gerade die neigen oft dazu, sich solche Hunde anzuschaffen, weil sie das Bedürfnis haben geschützt zu werden.

Weder in Spielfilmen noch in Talentshows sieht man die jahrelange harte Arbeit, welche hinter dem scheinbar so leichten und harmonischen Miteinander mit dem Menschen steht. „Lassie" löste vor Jahrzehnten eine Colliewelle aus, aber mit dem Kauf eines Collies hat man keine Lassie.

Momentan sind es Doodles, die sich großer Beliebtheit erfreuen. Man kauft alle möglichen Mixe mit Pudel, in der Hoffnung, sie seien antiallergisch, haaren nicht und die Hunde hörten von allein, doch das ist ein Versprechen, das oft nicht eingehalten werden kann. Das Einkreuzen von Pudeln gibt keine Garantie für Allergiefreiheit, und für Gehorsam schon gar nicht, wenngleich die Exemplare, mit denen ich zu tun hatte, ausgesprochen unkomplizierte Zeitgenossen waren. Ich bin trotzdem großer Fan von reinen Pudeln. Es sind sensible, feine und gelehrige Hunde.

Nehmen wir ein anderes Beispiel: Der vielgepriesene Labrador. Es gibt Zuchtlinien, die durchaus noch zur Jagd taugen. Auch den Linien, die eher als Begleithunde gedacht sind, ist eine große Affinität zu

Wasser zu eigen. Was badetaugliches Wasser ist, darüber sind sich Besitzer und Hund nicht immer einig. Labradore oder besser gesagt alle Retriver wälzen sich mit Begeisterung durch jedes Schlammloch. Viele dieser Rassevertreter graben zudem gern.

Wenn wir uns den Hund vorstellen, der sich im Herbst dem Bad im Tümpel hingibt, und dann, beim Trocknen im Garten, einmal quer das Erdreich nach Mäusen durchwühlt, weiß: Das Thema Sauberkeit hätten wir hiermit abgehakt. Mit der hellbeigen langhaarigen Schönheit aus der Hundezeitschrift hat das Exemplar dann nicht mehr viel zu tun, das da auf dem Sofa liegt.

Man sollte sich immer vor Augen führen, wer alles in der Familie in die Betreuung des Hundes einbezogen wird, wie fachkundig die einzelnen Personen sind und wozu sie körperlich in der Lage sind. Wird beispielsweise die Oma in die Betreuung des Hundes einbezogen, welche den Hund mehrmals im Jahr zu beaufsichtigen hat, weil die Familie auf Reisen ist, kann man von ihr schlecht erwarten, dass sie sich mit 80 Jahren von einem unerzogenen Rottweiler durch die Straßen ziehen lässt, welcher gleich viel auf die Waage bringt wie sie selbst.

Ein Mittelgroßes Exemplar lässt sich weit leichter transportieren und ohne Widerstände in Hotels oder auf Campinganlagen unterbringen. All das sollte mit bedacht werden. Möchten Kinder in die Unternehmungen mit dem Hund einbezogen werden, rate ich auch von riesigen, starken Exoten ab. Ein Kind mit einem Kangal spazieren zu schicken wäre unverantwortlich.

Natürlich ist zu beachten, wie sportlich die Familie unterwegs ist. Eine Familie, die viel wandert oder joggt, ist gut bedient mit einem Hund, der ein hohes Laufbedürfnis hat. Mit kleinen Kindern rate ich von echten Zwerghunden ab. Sie sind oft zu fragil und werden dann als Puppenersatz missbraucht. Ein wenig handfester darf es schon sein.

Im Grunde sollte man ästhetische Vorlieben zurückstellen, und mehr auf die Bedürfnisse aller Familienmitglieder achten. So hörte ich von einem Berner Sennenhund, der vermittelt werden sollte. Die

Kinder baten darum, einen Hund anzuschaffen. Der Vater wollte einen großen Hund, ihm gefielen kleine Hunde nicht. Also kaufte er einen Berner Sennenhund. Nach wenigen Monaten war der Welpe jedoch so stark, dass die Mutter sich nicht mehr im Stande sah, den Hund auszuführen. Der Vater war die ganze Woche auf Montage. Nun wird der Hund weitergereicht.

Wo war da die Beratung? Liebe Züchter, bitte nehmt Eure Verantwortung wahr. Das Geld in der Kasse kann doch nicht alles sein, oder?

Tiere können nicht für sich selbst sprechen. Und deshalb ist es so wichtig, dass wir als Menschen unsere Stimme erheben und uns für sie einsetzen. (Gillian Anderson)

Ohne fachkundige Hilfe sind viele Neulinge in der Hundehaltung überfordert. Der Hund kommt in die Familie, und schon am ersten Tag steht man vor der Wahl: Wie soll die Sauberkeitserziehung durchgeführt werden? Was darf der Hund?

Gerade beim Familienhund ist wichtig, dass sich alle Familienmitglieder über ein genaues Bild absprechen, das sie vom Verhalten des Hundes haben. Was ist unser Ziel, was soll der Hund können? Wie soll er sich im Haus verhalten, was darf er und was nicht?

Darüber sollte Einigkeit herrschen, bevor der Hund kommt. Wenn alle sich über die Ziele im Klaren sind, kann man sich über die Methode verständigen.

Ziehen alle an einem Strang, muss man Dinge nicht täglich von neuem mit dem Hund ausdiskutieren. Konsequenz ist zweifellos der wichtigste Faktor zum Erfolg.

Es gibt Familien, denen ist es gleichgültig, wenn der Hund beispielsweise die Möbel nutzt. Ein Hund will nicht die Weltherrschaft, weil er auf dem Sofa liegt. Er will es bequem. Doch will ich Baskos Pfotenabdrücke, die zuvor im Stall durch den Pferdedung tappten, auf dem Kopfkissen? Man darf durchaus die Anforderung stellen, dass der junge Hund erst einmal lernt, auf einem ihm zugewiesenen Platz zu ruhen und dass das Mobiliar den Menschen vorbehalten bleibt. Deshalb ist man kein Tierquäler.

Solange unsere Tochter klein war, blieb das Kinderzimmer für unseren Rüden Tabuzone. Es hatte einen einfachen Grund: Er versuchte stets beim Wickeln behilflich zu sein. Ich wollte einen Schutzraum für das Kind und gleichzeitig einen Ort, an dem ich Pflegemaßnahmen ohne Hilfe des Hundes vornehmen konnte. Er fraß gerne Windeln mit Kot, das kam noch dazu. So appetitlich fand ich das nicht, wenn er den Windeleimer leerte, also hatte er draußen zu bleiben. Er akzeptierte es sofort. Er durfte an der Schwelle stehen und schauen- keinen Zentimeter weiter.

Andere möchten ihren Hund gern aus der Küche haben. All das ist nachvollziehbar, verständlich und gerechtfertigt. Ob Hunde im Bett schlafen müssen, darüber streiten sich die Geister. Wir haben uns darüber geeinigt, dass Hunde im Bett unserer Nachtruhe und dem Eheleben nicht zuträglich sind. Unsere Tochter hingegen schläft am liebsten mit Hunden zusammen. Es gibt kein richtig und kein falsch.

Was von uns immer respektiert wird, sind die Grenzen anderer. Wenn wir bei anderen zu Gast sind, beispielsweise im Urlaub, ruhen unsere Hunde in Faltboxen. Möbel und Betten anderer sind Tabu. Ich kann nicht verstehen, wie Menschen ihre sabbernden Vierbeiner in fremde Betten legen, wenn sie damit das Reinlichkeitsbedürfnis anderer überschreiten. Das hat mit Anstand und Rücksicht zu tun, wenn man Gast ist.

Es ist für den Hund kein Trauma, wenn er einen Ruheplatz zugewiesen bekommt mit vertrautem Zubehör, beispielsweise einer Decke von zu Hause. Es ist ein Hund, und solche Dinge kann man üben.

Unsere Hunde sitzen im Restaurant unter dem Tisch, nicht am Tisch. Es ist schade, dass viele Leute jegliche Manier vergessen, was dazu führte, dass Menschen mit Hunden oftmals nicht willkommen sind. Sozialkompatible Grunderziehung wäre ein wünschenswertes Ziel- bei Mensch und Hund.

Ein Hund hat mit solchen Regeln kein Problem. Doof wird das ganze nur, wenn Papa erlaubt, was Mama nicht will. Der Papa befeuert das Bellen des Hundes beim Klingeln, die Mutter möchte, dass er ruhig bleibt. Es wäre einfach, wenn es Trainer gäbe, die solche Erziehungsfragen begleiten und nicht nur auf Hundeplätzen auf und ablaufen.

Viele Hundeschulen springen aus dem Boden, um nicht gesellschaftskompatible Hunde zu besänftigen und gesellschaftsfähig zu machen. Neulinge in der Hundehaltung lassen sich zumindest helfen. Viel bedenklicher sind die Hundehalter, die im Grunde glauben, alles zu wissen und vollkommen resistent gegen neue Erkenntnisse der Kynologie sind. Was vor fünfzig Jahren funktioniert hat, muss heute nicht funktionieren.

Um den Konflikten zwischen Menschen und Hunden zu begegnen, ist eine regelrechte Industrie um den Hund entstanden. Es gibt Hundetrainer, die recht unterhaltsam und vergnüglich große Hallen füllen mit Vorträgen, die dazu verhelfen sollen, den Hund besser zu verstehen. Ich kann diese Vorträge nur jedem ans Herz legen.

Ich sehe es als selbstverständlich an, dass, wenn eine Methode nicht zum Kunden passt und man diesem nicht weiterhelfen kann, man durchaus den Kollegen empfiehlt. Pferdetrainer wie Arien Aguilar haben erkannt, dass gemeinsame Arbeit Wissen mehrt und die Arbeit befruchtet. In der Hundeszene heißt es noch immer, der andere hätte keine Ahnung, und es herrscht die Unsitte, Konkurrenz ausschalten zu wollen. Ich gönne allen Hundeschulen ihren Erfolg und denke, wenn alle an einem Strang ziehen würden, könnte man mehr erreichen.

Es ist weniger die Hauptaufgabe für die Trainer, den Tieren etwas zu vermitteln, als die Menschen im Umgang mit dem Vierbeiner zu schulen. Wer einmal mit Tieren gearbeitet hat, wird bestätigen können: Es ist leichter einem Rottweiler das Einmaleins zu lehren, als einen Menschen dazu zu bringen, seine eingeschliffenen Gewohnheiten im Alltag zu ändern oder zumindest zu hinterfragen.

Dem Welpen, weil er süß dreinschaut, nichts zu essen zu geben, kostet schon Überwindung- aber es lohnt sich, wenn man keinen drängelnden, nörgelnden Hund am Tisch möchte, der die Nase in die Teller steckt.

Wenn eine Familie sich nun einen passenden Hund zugelegt hat, steht man vor der Wahl einer guten Hundeschule oder eines guten Trainers. Es gibt viele davon, und weil die „Chemie" stimmen muss, tut man gut daran, sich schon vor der Anschaffung des Hundes umzuhören und dann eine Probestunde zu besuchen. Es gibt solide Trainer, die Erfahrung und Wissen haben, auch wenn sie nicht zertifiziert sind nach dem neuesten Modetrend.

Nach welchen Kriterien kann man diesen finden?

- Ein guter Hundetrainer spricht die Ziele der Zusammenarbeit mit dem Kunden ab.
- Er nimmt sich Zeit, hört zu, ist fair und geduldig.
- Er ist selbstkritisch und holt sich Rückmeldung zu seiner Arbeit.
- Der Hundetrainer ist ruhig, respektvoll, kompetent und klar.
- Der Hundetrainer schult nicht nur in der Praxis, sondern auch in der Theorie.
- Er hilft, bei Problemen Lösungen zu finden und steckt realistische Ziele.
- Er gestaltet ein Training abwechslungsreich und flexibel.
- Er kann sich individuell auf Hund und Halter einstellen und arbeitet im besten Falle mit der ganzen Familie zusammen.
- Er nutzt Methoden der positiven Verstärkung und vermeidet Gewalt.
- Das Hundewohl steht bei ihm an erster Stelle.

- o Er bestärkt Hund und Halter in ihrem Selbstbewusstsein und begleitet sie geduldig auf ihrem Weg.
- o Er nimmt für seine Begleitung einen fairen Preis nach Verträgen, die auch einen Wechsel der Hundeschule möglich machen.

Eine Utopie?

Heutzutage bekriegen sich viele Hundetrainer gegenseitig, anstatt zusammenzuarbeiten. Es ist traurig, wenn man, wie ich, die Szene lange beobachtet, wie die Trainer miteinander umgehen. Wohlwollen und Wertschätzung wäre ein Ziel. Als Kunde darf man sicher sein: Wenn der Trainer an anderen kein gutes Haar lässt, wird er irgendwann über den Kunden genauso sprechen. Wenn etwas schiefgeht, ist immer der Kunde schuld. Da muss ich Sie in Schutz nehmen. Sie sind nie schuld. Der Trainer hat einen gangbaren Weg aufzuzeigen. Wenn er das nicht kann, ist ausschließlich er schuld.

Ich beschreibe nun nicht, was ich auf unserem Weg mit Hund schon alles erlebt habe. Es reicht vom Trainer, der einem sechs Monate alten Welpen ein Stromgerät umband, weil dieser nicht sitzen wollte, von monatelangen Leinenrucks auf Hundehälse bis zu Prüfungsvorsitzende welche auf Prüfungen gebissen wurden. Ich erlebte so viel Schlechtes auf Hundeplätzen, dass ich diesen irgendwann den Rücken zuwandte.

Brüllende Trainer, welche Kunden beschimpfen und für unfähig erklären, trifft man überall. Sprüche wie „Du musst an der Beziehung mit deinem Hund arbeiten, dein Hund nimmt dich nicht ernst" sind zwar in Mode, helfen aber keinem weiter. Sie untergraben jedes Selbstbewusstsein des Menschen dem Hund gegenüber, sind verletzend und unnötig.

Ein Hundetrainer muss wertschätzend und wohlwollend konkrete Anweisungen vermitteln. Das ist eine Kunst. Er braucht Geduld- aber da kann ich nur sagen, Augen auf bei der Berufswahl, wenn sich ein Trainer darüber beklagt.

Es braucht aber auch Kunden, die zuhören, den Anweisungen eine Chance geben und sich bemühen. Ständige Ausreden sind menschlich, helfen aber nicht weiter.

Man sieht oft Hundetrainer, welche gute und klare Ideen vermitteln, und in dem Moment, in dem er sich umdreht, machen Kunden das Gegenteil. Es ist notwendig, dass Menschen im Umgang mit dem Hund ihr Handeln ständig reflektieren. Der Mensch muss lernen, nicht der Hund. Das ist anstrengend. Wer erwartet, dass ein Trainer den Hund erzieht, ist auf dem Holzweg.

Freilich muss auch der Trainer Nachsicht zeigen. Der Hund ist grundsätzlich ein soziales Wesen. Wir erwarten von ihm, dass er unsere Sprache lernt, und texten ihn zu. Wer würde sich dabei nicht an die eigene Nase packen, wenn wir unserem Hund unsere Sorgen erzählen? Sind wir auch bereit, ihm zuzuhören?

Nebenbei entstehen, um Geld zu verdienen, jeweils eigene Methoden. Das Rad wurde schon oft neu erfunden. Als Pädagogin mit Grundkenntnissen in

Lerntheorien schaue ich dem Treiben fasziniert zu und staune. Am schrecklichsten finde ich, wenn Menschen bereit sind, Gewalt auf den Hund auszuüben und Hilfsmittel zu verwenden, die Schwerz verursachen und aversiv wirken, ohne Hemmungen zu haben.

Es entstehen beinahe täglich neue Hilfsmittel, die schnelle Erfolge versprechen. Um nicht vom Hund durch die Landschaft geschleift zu werden, kauft man sich Halsbänder mit Schlingen, Würgern und sogenannte Haltis, doch wird verschwiegen, dass kein Hilfsmittel bei falscher Anwendung zum Erfolg führt.

Viele dieser Hilfsmittel stellen für die Gesundheit unserer Hunde eine Gefahr dar. Im Grunde reicht für die Erziehung eines Hundes ein bequemes breites Halsband oder ein gutsitzendes Geschirr und ein einfacher Hanfstrick, und die Zeit, in der wir nach farblich passenden Accessoires im Handel suchen, wäre besser in eine Stunde mit einem Trainer investiert, der einen in das Leinentraining einweist.

Auch Trainer wie Cesar Millan polarisieren. Fakt ist, dass Tierärzte kritisieren, er wende beinahe ausschließlich aversive Mittel an. Würger. Stachler und Teletakt werden von ihm unkritisch genutzt und seine Methoden werden von Laien nachgeahmt. Sein „Cesar Millan Collar" mag zwar nützlich sein, um mit seiner Würgefunktion um den empfindlichen Kehlkopf des Hundes einen starken Hund zu bändigen. Mit Resozialisierung oder Erziehung hat das nichts zu tun. Seine Methoden sind unter keinen Umständen nachahmenswert.

Wir erwarten vom Hund, dass er der beste Freund des Menschen wird, und gleichzeitig fordern wir von einem anderen Lebewesen Kadavergehorsam? Mit welchem Recht erwarten wir das? Ich bin der absoluten Überzeugung, jeder Hund kann mit liebevoller Geduld Befehle des Grundgehorsams spielerisch erlernen. Ansonsten muss man seine Ziele hinterfragen.

Wir können es uns auch zur Lebensaufgabe machen, vom Hund Dinge zu verlangen, die er nicht kann. Ein American Staffordshire Terrier, der nicht in der Lage ist, differenziert mit anderen zu kommunizieren, und ohne Frustrationstoleranz zu besitzen anderen Hunden mit Tötungsabsicht an die Gurgel geht, wird in Laienhand kein sozialisierter Hund.

Wir können ihn sichern, aber bestimmte genetische Voraussetzungen sind zu akzeptieren. Wenn wir also einen Hund möchten, der uns Sozialkontakte ermöglicht, unbeschwerte Wanderungen mit anderen Hunden, sollten wir von bestimmten Rassen Abstand nehmen, auch wenn es unter ihnen Ausnahmen gibt. Die Liebhaber der Listenhunde werden nun aufschreien, aber die Statistik in den Tierheimen spricht eine andere Sprache. Die Mehrzahl dieser Hunde ist nicht mit Kindern, anderen Hunden oder gar Kleintieren vermittelbar. Die vielen Moderassen, die entstehen, um die Liste zu umgehen, machen es auch nicht besser. Es hilft nicht weiter, dem Kind einen anderen Namen zu geben.

Ein Hund kann lernen, locker an unserer Seite zu bleiben, mit durchhängender Leine, ohne Gezerre und Gewalt. Er kann lernen auf uns zu achten, er kann leise Gesten und Handzeichen befolgen, ohne körperliche Maßregelungen. Wir müssen keinen Hund hinunterdrücken und strafen. Man kann ihn begrenzen, ihn in die gewünschte Position locken. Er kann lernen, was wir von ihm erwarten, wenn wir körpersprachlich klar sind, aber wir müssen ihm zugestehen, dass er ein eigenständiges Wesen ist und der Weg dorthin individuell gestaltet sein muss.

Manchmal muss man in der Ausbildung ein paar Schritte zurückgehen. Manchmal ist die Leine als Sicherung einfach notwendig, weil unsere technisierte Welt, die überfüllten Straßen und der Straßenverkehr für das Tier eine zu große Ablenkung und Gefahr darstellt.

Ich habe die Erfahrung gemacht, dass es keine Problemhunde gibt. Ich habe noch keinen getroffen. Die Probleme entstehen meist dadurch, dass es zu Verständigungsschwierigkeiten kommt zwischen Hund und Besitzer, oder zu hohe Erwartungshaltungen vorliegen.

Es fehlt häufig schon an der Gestaltung der Kommunikation und einem Grundlegenden

Verständnis des Besitzers über die Mitteilungsformen seines Hundes.

Leider habe ich noch keinen Welpenkurs gesehen, der da ansetzt, wo er ansetzen müsste: Beim Ausdrucksverhalten des Hundes. Wie zeigt der Hund Stressreaktionen, Calming Signals? Wie möchte der Hund begrüßt, abgefasst werden? Wie drückt er Wohlsein und Unwohlsein aus? Es geht nicht um Abrichten, es geht um Verständigung. Ich wünschte, dass jeder Mensch, der einen Hund sein Eigen nennt, die Sprache des Hundes erlernt und deutet, zumindest in Ansätzen.

Dann käme es nicht zu solch unschönen Szenen, dass zwei Frauen in der Fußgängerzone aufeinander zulaufen, frontal, beide ihre Zwerghunde an der Leine, und diese dominierend aufeinander zugehen, knurrend aneinander hochspringen, Calming Signals zeigen, und die Frauen rufen lachend „Ach, die Hunde müssen sich doch begrüßen!". Müssen sie das? An der Leine?

Warum lernt der zukünftige Hundebesitzer nicht, die Körpersprache der Hunde untereinander zu lesen, um zu erkennen, wenn die Hunde miteinander Stress haben? Warum lassen Leute ihre miteinander fremden Hunde hetzend über eine Wiese laufen, lachen, dass die Hunde so schön spielen, derweil suchte einer der beiden schon mehrfach Schutz beim Besitzer, mit eingezogener Rute und angstvollem Blick, und wurde weggeschickt, er solle weiterspielen? Was ist Spiel, was ist Ernst? Wann ist ein Spiel ein Spiel?

Liebe Hundetrainer, es wäre Eure Aufgabe, das zu vermitteln. Manchmal denke ich, Hundetrainer bewahren ihr Wissen, damit auch die Probleme gewahrt bleiben und damit der Geldbeutel gefüllt bleibt.

Ein Hundetrainer sollte vor allem eines: Im Sinne des Hundes handeln. Das heißt auch, aufzuklären, um Gefahren abzuwehren, vom Hund und der Familie. Die Sprache des Hundes zu verstehen kann auch für ein Kind lebensrettend sein. Die meisten Unfälle passieren beim Spiel mit dem eigenen Hund, wenn Grenzen überschritten werden und die Äußerungen des Hundes missachtet werden.

Hunde umarmen sich nicht, und was ein Kind als Liebesbeweis sieht, Küssen und umarmen, kann ein Hund als Bedrohung auffassen. Ein Kind muss lernen, dass es beim Hund den Verfolgungstrieb auslösen kann, wenn es rennt. Die Familie muss besondere Sorgfaltspflicht zeigen, wenn Kinder zu Besuch sind, die rennen und sich balgen. Hunde gehören dann gesichert. Was sich hier selbstverständlich anhört, ist es nicht angesichts der Unfallstatistik mit Hunden.

In den allermeisten Fällen sagen die Eltern, die Kinder hätten nichts gemacht. Sie haben auch „nichts gemacht", sie haben sich wie ein Kind verhalten, weil es Kinder sind. Sie sind gerannt, gehüpft, gesprungen. Der Hund hat sich in einem Moment bedroht gefühlt, in dem das Kind ihn womöglich gar nicht beachtet hat, oder hat seinen Jagdinstinkt ausgelöst.

Als Hundehalter muss darauf geachtet werden, ob Kind und Hund kompatibel sind, und es ist nicht zumutbar für Kinder, nur in Zeitlupe durch das eigene Haus zu schleichen. Es ist aber durchaus zumutbar, einen Hund für eine begrenzte Zeit in einen anderen Raum zu bringen, wo er Ruhe findet, damit die Kinder ihrem Bewegungsbedürfnis nachgehen können.

Es muss vielen Menschen bewusst gemacht werden, dass es aus der Sicht des Hundes unhöflich ist, auf einen Hund zuzugehen und diesen einfach von oben anzufassen. Es ist das Bedürfnis des Menschen, alles anfassen zu müssen, was ein Fell hat. Für den Hund ist das keine liebevolle Geste, im Gegenteil.

Noch schlimmer ist die Unsitte, fremde Tiere füttern zu müssen. Tiere sind kein Allgemeingut. Laut einer Umfrage kämpfen 80 % aller Pferdehalter mit übergriffigen Menschen, die meinen, fremde Tiere füttern zu müssen. Viele Pferde leiden unter Stoffwechselstörungen oder benötigen besondere Diät. Für sie können ein paar Äpfel oder Brot schon lebensbedrohlich werden, von der Verletzungsgefahr durch Kämpfe während der Fütterung ganz abgesehen.

Bei Hunden sieht es nicht anders aus. Viele Fremde scheinen Hunden etwas zustecken zu müssen, was vollkommen unnötig ist. Ich ertappte einmal eine Nachbarin, wie sie meinen Hunden Reste ihrer Pfannkuchen über den Zaun warf. „Es sind doch nur Pfannkuchen." Nein! Ich will das nicht! Es war gut gemeint, aber danebengegriffen.

Ich möchte nicht, dass mein Kind von jedem gefüttert wird, genauso wenig möchte ich, dass jeder an meinem Welpen herumerzieht, sich sofort auf ihn stürzt, an ihm herumwuschelt. Der Mensch nimmt dabei oft genau die Haltung ein, die Hunde als Spielaufforderung einnehmen: Popo nach oben, Vorderteil gebückt. Hunde untereinander legen sich als Zeichen der Dominanz de Pfote über den Rücken. Wir tun das auch. Und dann haben wir einen Hund, der sich wild um die eigene Achse dreht, die Rute oft noch zwischen den Beinen, und damit nichts anzufangen weiß. Wir jubeln dazu „oh schau wie er sich freut".

Vermenschlichung des Hundeverhaltens ist eine der größten Probleme im Zusammenleben mit dem Hund. Menschen umarmen sich, gehen frontal aufeinander zu und geben sich die Hand. Hunde nähern sich im Bogen an, beriechen sich. Sie starren sich dabei nicht an, sie wenden ihren Blick ab. Wir tun genau das Gegenteil.

In dem Moment in dem Hund und Mensch sich aufeinander einlassen, beobachten und sich verständigen können, wächst die Beziehung, die Voraussetzung ist für eine gute Erziehung. Hundeerziehung heißt nicht, dass wir Kommandos eintrichtern. Der Hund muss Vertrauen und Sicherheit haben. Das hat er nur, wenn er verstanden wird.

Häufig können wir bei Hundebegegnungen schon Vertrauen schaffen, indem wir uns einfache Führtechniken aneignen. Ich nehme meinen Hund an der kurzen Leine auf der linken Seite und gehe an anderen Menschen stets so vorbei, dass ich zwischen den Hunden laufe. Ich signalisiere dem Hund damit, dass ich die Dinge regle. Ich dulde nicht, dass mein Hund den anderen fixiert und gehe zügig, wenn möglich in einem leichten Bogen. Ein Kommando „Schau", bei dem der Hund mich anblicken muss, kann hilfreich sein.

Würde das jeder beherzigen, hätten wir weniger pöbelnde Hunde.

Nun kommen wir zum interessantesten Punkt: Der Hund zeigt ein Verhalten, das wir nicht haben möchten. Das wird mit jedem Hund passieren. Der Welpe verbeißt sich in die Hosenbeine unseres Kindes und beginnt ein Zerrspiel.

Nun sagen manche Spezialisten, man solle unerwünschtes Verhalten ignorieren. Ich verspreche Ihnen, auch wenn ich kein Hundetrainer bin, das wird nicht zum Erfolg führen.

Wenn ihr Hund kläffend an der hölzernen Haustür hängt und mit den Krallen die Tür bearbeitet, weil draußen die Katze vorbeiläuft, wird auch hier ignorieren nicht zum Erfolg führen.

Es gibt lustige Podcasts zu diesem Thema, in denen das Herrchen den Hundetrainer anruft, die lauten in etwa so:

Anruf eines Hundebesitzers bei seinem Hundetrainer...
- Gruber, schönen guten Tag Frau Müller

Tach Herr Gruber. Na, wie macht sich Ihr Balthasar? Kommen Sie voran?

- Deswegen rufe ich an. Balthasar hat sich in meine Wade verbissen und schüttelt sie.

Oh. Das ist ein Rückschritt. Aber wir wussten ja, dass das ein langer Weg werden kann.

- Ja. Ich weiß. Aber was mach' ich jetzt? Hölle, tut das weh!

Herr Gruber. Sie müssen Ihre eigenen Befindlichkeiten ein wenig zurückstellen. Wie tief beißt Balthasar gerade zu? Mehr als die Hälfte eines halben Hundezahnes?

- Moment. Ich schau' mal....Ja! Und es blutet stark.

Dann ist es schon Beißgrad 4. ... Okay. ... Das ist eindeutig aggressiv. Haben Sie schon versucht, Balthazar mit Gewalt wegzuzerren, oder ihn zu schlagen?

- Selbstverständlich nicht!

Gott sei Dank! Sehr gut. Negative Eindrücke bleiben beim Hund stärker haften, als Positive. Das sollten wir auf jeden Fall vermeiden.

- Auuuuua! Aaaaaah!

Herr Gruber. Bitte! Natürlich darf Ihr Hund spüren, dass Ihnen das nicht gefällt. Aber achten Sie bitte darauf, ihn nicht zu verstören. Er kennt solche lauten Töne von Ihnen doch gar nicht, und das könnte ihn aus seinem seelischen Gleichgewicht bringen.

- Ja, ja. Schon okay.

Wie weit ist das "Aus" schon gefestigt, Herr Gruber?

- Eigentlich gar nicht - boooaaah, tut das weh! - der Schlingel macht nur "Aus", wenn er dafür sein Lieblingsleckerlie bekommt, und selbst dann nicht immer.

Okay, dann scheidet das aus. Wir geben Kommandos nur, wenn wir Sie auch durchsetzen können. Nichtwahr, Herr Gruber?

- Ja, klar.

Dann müssen wir ausnahmsweise einmal eine etwas gröbere Methode anwenden, Herr Gruber. Sagen Sie "Nein!". Energisch, aber nicht böse oder drohend. Nur so laut, dass er verblüfft ist. Balthasar ist ein ängstlicher Hund. Wir wollen den kleinen Racker ja nicht traumatisieren.

- Nein, nein. Natürlich nicht! In Ordnung, ich probier's: " Baaalthiii, Nein! "

Was macht Balthasar?

- Er schüttelt.   Ingeboooorg! Würdest Du bitte mal mein Blut vom Boden aufwischen? Balthipupsi bekommt ja ganz nasse Pfoten!

Herr Gruber. Ich denke, da hilft dann nur noch ignorieren. Vermeiden Sie jeden Blickkontakt, sprechen Sie nicht mit ihm, berühren ihn nicht und unterlassen alles, was sein Verhalten belohnen könnte.

- Ich kann sowieso kaum noch gucken, und das Sprechen fällt mir schwer. Ich werd' auch sehr müde. Durch den Blutverlust wahrscheinlich.

Aha. Verstehe. Also dann bitten Sie doch Ihre Frau, dass Sie mit dem Klicker und einem Leckerlie bereitsteht. Sobald er das Interesse verloren hat und los läßt bitte sofort mit Klicker und einem Leckerlie positiv verstärken. Dabei ist das timing sehr wichtig, aber das wissen Sie ja.

Herr Gruber?....Herr Gruber?

- Hier ist Frau Gruber. Mein Mann ist gerade ohnmächtig geworden. Aber ich habe alles mitgehört und hab' Klicker und Leckerlie schon in der Hand!

Klasse, Frau Gruber! Das wird schon. Sie sind auf dem richtigen Weg.

- Danke, Frau Müller, Sie haben uns sehr geholfen.

Was hier im Spaß gemeint ist, habe ich leider bei einer renommierten Ausbilderin für Schulhunde erlebt. Ihre Pudel bellten während eines Seminars von 10 Uhr morgens bis 16 Uhr nachmittags durchgehend. Auch als passionierte Hunde- und Tierfreundin kommt man da an seine Grenzen.

Die Dame schwor auf eine Erziehung des Hundes ausschließlich mit Clickertraining. Clickertraining selbst ist eine großartige Methode, um dem Hund neue Methoden beizubringen, das ist keine Frage. Es ist eine Methode, welche den Hund darin anregt, selbst nachzudenken und nachhaltig zu lernen, was klug angewendet zum Erfolg führt. Ich bestreite nicht den Wert des Clickertrainings.

Ein Hund lernt damit nicht, was er nicht soll, was den Wert des Clickertrainings nicht schmälert. Wir müssen im Grunde kreativ sein, um den Hund aus seinem unerwünschten Verhaltensschema in ein erwünschtes umzulenken, und dann konditionieren, was er anstelle es unerwünschten Verhaltens tun soll.

Unsere junge Altdeutsche Tigerhündin hatte die Angewohnheit, als Welpe zu testen, ob man Menschen mit einem gezielten Keulengriff treiben könne. Drehte man ihr den Rücken zu, hatte man sie von hinten am Schenkel hängen. Sie zwackte mit den Vorderzähnen, was zwar keine ernsthaften Verletzungen, aber schmerzhafte Hämatome mit sich brachte. Es war nichts, was man ignorieren konnte. Besonders nicht gegenüber unserem Kind.

Das ist ein rassetypisches Verhalten, instinktgesteuert, angezüchtet und für die ursprüngliche Arbeit notwendig. Sie zu strafen wäre in dem Moment für den Hund nicht verständlich gewesen. Die einzige Lösung lag darin, sie zu beobachten. Bevor sie zum Griff ansetzte, legte sie den Kopf in den Nacken und sie streckte sich. Indem man sich rechtzeitig umdrehte, und ihr das Kommando Sitz gab, war sie sofort abgelenkt. Sie setzte sich brav und wartete auf ihr Leckerli. Bot man ihr ein anderes Spiel sozusagen zum Tausch, ließ sie das alte Vorhaben sein. Es lag förmlich an einem selbst, ob man konsequent genug war, das Zwacken abzustellen. Wenn sie vollkommen überdrehte, oder Situationen entstanden, in denen ein Beobachten in der Form nicht möglich war, war es besser, sie an ihrem Platz zur Ruhe zu schicken und schwierige Situationen gar nicht erst entstehen zu lassen.

Von diesem Hund lernte ich, dass es klüger ist, den Hund zu lesen, sein Verhalten zu verstehen, und dann eine Strategie zu finden, ihm im Guten zu zeigen, was er tun soll. So stellt uns jeder Hund vor neue Aufgaben.

Eine ähnliche Situation haben wir, wenn es darum geht, Dauergebell abzustellen. Ein Hund möchte wachen, das darf er und soll er, und es ist eine durchaus sinnvolle Sache, einen Hund im Haus zu haben, der anzeigt, wenn etwas nicht stimmt. Doch Dauergebell muss nicht sein, wenn der Mensch signalisiert, dass er die Warnung des Hundes vernommen hat. Dann hat Ruhe einzukehren. Wir haben allen unseren Hunden das Bellen auf

Kommando beigebracht und dabei auch ein Ruhesignal. Keiner unserer Hunde bellt. Beim ersten „Aus" ist Ruhe.

Mit Schreierei hat das noch niemand geschafft. Lustigerweise erlebe ich das bei Mitmenschen, dass sie monatelang auf ihren Hund einschreien und schimpfen, wenn der zum Gebell ansetzt. Sie lernen aber offenkundig nicht, dass das nicht zum Erfolg führt. Schreien heißt für den Hund in diesem Fall, der Besitzer bellt mit. Er wird dadurch nur noch mehr angestachelt. In vielen Fällen half es schon, dem Hund einen sinnvollen Ruheplatz in der Wohnung zuzuweisen. Gebe ich einem Hund einen Platz, von dem aus er alles unter Kontrolle hat, wird er seine Aufgabe wahrnehmen und alles kontrollieren.

Unser Bardino hatte das einmal so interpretiert, während ich auf Dienstreise und er bei Oma untergebracht war. Er lag vor der Wohnungstür, die Nachbarn zwei Stockwerke über ihr feierten eine Party. Es war nicht so, dass sie laut gewesen wären, im Gegenteil. Sie schlichen auf Socken durch den Hausflur, doch unten im Erdgeschoss wachte der

Bardino und fing furchtbar zu knurren und zu bellen an. Alle halbe Stunde startete er ein Getöse, dass die Oma kein Auge zumachte.

Nach einem Telefonat mit mir legte sie seine Decke hinter ihr Bett und wies ihn an, dort zu bleiben. Er schlief die ganze Nacht durch. Die Ausrede, es sei eben ein Hund, zählt nicht für unsoziales Verhalten. Es ist kein Grund, die Nachbarschaft zu tyrannisieren, und mit gutem Willen findet man einen Weg, welcher weder Hund noch Herrchen einschränken, im Gegenteil. Auch dem Hund tut Ruhe gut.

Viele Hunde verbringen ohne körperliche Herausforderungen ihr ganzes Leben zurückgezogen in Häusern. Dass sich dort Langeweile breit macht und die Hunde allerlei Unarten entwickeln, kann man ihnen nicht verdenken. Um den Unterforderungen der Hunde zu begegnen, entstehen neue Hundesportarten, welche die fehlende Beschäftigung unserer Hunde kompensieren sollen. Von Agility, Degility, Flyball, Dummytraining, Mobility, Hundebiathlon, über

Hoopers, Obedience, Ralley Obedience, Dog dancing, dog frisbee, Mantrailing, Zielobjektsuche, Trick dogging, Dog diving, Schutzhundesport, Rettungshundearbeit bis zum Zughundesport- es kommen fast täglich neue dazu. Wer soll sich da noch auskennen in der Flut von Angeboten? Es fehlt an Orientierung.

Den einfachsten Tipp, den ich geben kann, ist: Probieren Sie aus, was ihnen und ihrem Hund am meisten Spaß macht. Besuchen Sie Workshops und Kurse.

Ich kenne Leute, die einen guten Job machen als Manager ihrer Hunde. Die Tiere haben einen regelrechten Stundenplan mit täglichen Kursangeboten. Ob das sinnvoll ist, wage ich zu bezweifeln. Als nun langjährige Halterin von Hütehunden kann ich bestätigen, dass Hunde eine Aufgabe brauchen, und das kostet Zeit.

Zuerst jedoch muss gewährleistet sein, dass die Hunde das Ruhen erlernen. Wir müssen nicht von einem Extrem ins andere fallen. Der Hund muss lernen, sich zu entspannen, wenn er nichts zu tun hat. Dann ist es unumgänglich, dass der Hund täglich seiner Größe und seiner Art angepasste Spaziergänge und Bewegungsmöglichkeiten erhält. Der eine möchte es ruhiger, der andere möchte mehr Action. Wenn ich einen jungen Basset oder eine Dogge im Wachstum so belasten würde, wie sich unsere Altdeutschen Hütehunde belastet haben, wäre das Tierquälerei.

Das Bewegungsangebot sollte sich nach Bedürfnis, Körperliche Konstitution, Alter und Gesundheitszustand richten. Unser alter Rüde verschlief am Ende seines Lebens 22 Stunden des Tages. Er vermochte wegen seines Rückenleidens nur noch ein paar hundert Meter des Weges auf und abzugehen, im gemächlichen Schritt. Ansonsten dümpelte er im Garten unter einem Baum, oder schlich einmal durch die Küche.

In seiner Jugend benötigte er mehrere Stunden täglich Arbeit, die Kopf und Körper gleichzeitig forderten. Laufen allein genügte nicht. Das zeigt, dass wir den Tag unserer Hunde sehr individuell gestalten müssen.

Einen Hund mehrere Stunden täglich einzusperren, wird ihm nicht gerecht. Unsere Hunde können nach eigenem Gutdünken den Garten umgestalten. Wir rechnen damit, dass sie graben, Gebüsche als Ruheorte nutzen, aber auch mal im Lavendel liegen. Sie sind Außenreizen ausgesetzt und können ihren Aufenthalt in Garten oder Haus die meiste Zeit im Jahr frei wählen.

Hat man das nicht, gibt es andere Lösungen. „Hutas" betreuen Hunde, die ansonsten viele Stunden allein ohne Anregung in Wohnungen säßen.

„Raufergruppen" sollen den Hunden soziales Verhalten beibringen, die ein Problem damit haben, fremde Artgenossen zu tolerieren. Doch wird das der Sache gerecht? Passt man das Umfeld an die Bedürfnisse des Hundes an oder den Hund gewaltsam an die Bedürfnisse des Umfelds, wenn man erwartet, dass ein territorialer Hund in einem ständig wechselnden Rudel ihm fremder Hunde glücklich ist? Muss ein Hund alle nett finden?

Ich ziehe die Gesellschaft der Tiere der menschlichen vor: gewiss, ein wildes Tier ist grausam. Aber die Gemeinheit ist das Vorrecht des zivilisierten Menschen. (Sigmund Freud)

Auch wenn dieses Kapitel an manchen Stellen zu viel erhobenen Zeigefinger hat, komme ich nicht umhin. Es ist die tägliche Erfahrung, die mich dazu verleitet hat.

Stellen wir uns folgende Szene vor:

Wir sind sonntags mit der ganzen Familie im Wald. Papa, Mama, Kinder und Oma Erika, die auch mit 80 Lenzen noch einen Waldspaziergang in der Sonne genießen möchte. Sie ist froh, dass sie mit neuem Hüftgelenk wieder laufen kann.

Vor uns taucht ein Schatten auf. Von weitem glaubt man, einen Schwarzbären zu sichten, doch beim Näherkommen stellen wir erleichtert fest: Da kommt uns ein Hund entgegen, ein riesiger Neufundländer, auch liebevoll „Neufi" genannt. Er trägt freundlicherweise, um niemand zu ängstigen, auf dem zwischen dicken Haarbüscheln hervorblitzendem Geschirr die Aufschrift „der tut nix".

Nun erspäht der Hund unsere Oma Erika. Sie wagt es, den Hund fasziniert anzublicken. Die Besitzerin, die hinter dem Hund her geschnauft kommt, brüllt von weitem „der ist noch jung", während der Hund im Galopp freudig auf Oma Erika zu rauscht.

Es braucht nicht viel, um die zart gebaute Oma Erika in Sonntagskleidung zu Boden zu ringen. Schnell ist das Makeup aus dem Gesicht geleckt, Schleimfäden zieren ihr graues Haar. Während Oma im Sonntagsstaat im Schlamm versinkt unter der Last eines 80 kg schweren Neufundländers, ist es ziemlich gleichgültig, ob der Koloss jung oder alt ist.

Die Besitzerin reagiert auf unsere empörten Blicke prompt und beginnt, das Verhalten ihres Hundes zu verteidigen. Hundebesitzer erwarten meist Verständnis. Man darf den armen Hund nicht bestrafen, das könne zu einem Trauma führen. Laut dem Trainer so und so muss man unerwünschtes

Verhalten ignorieren. Außerdem könne der Hund nichts dafür, Oma Erika habe ihn schließlich provoziert. Freilich schaut die junge Hundebesitzerin verantwortungsvoll, ob sich der „Neufi" an Omas Brille nicht verletzt hat. Der alten Dame aus dem Schlamm zu helfen, kommt ihr nicht in den Sinn.

Lieber Leser, liebe Leserin, sie haben sicher bemerkt, dass diese Geschichte fiktiv war? Freilich, ein Hund der Rasse Neufundländer lässt sich selten zu solchen Gefühlsausbrüchen hinreißen. Etwas anderes wäre gewesen, hätte Oma Erika eine Bockwurst in der Hand gehabt. Die Reaktion der Hundebesitzerin war realistisch. Wenn wir ehrlich darüber nachdenken, finden wir uns in dieser Geschichte wieder.

Welcher Hundebesitzer kennt nicht Szenen, in denen uns der Hund, aller Erziehungsversuche zum Trotz, beschämend bloßstellt? In denen er Dinge tut, die absolut nicht gesellschaftstauglich sind?

Um mich an der eigenen Nase zu packen, möchte ich folgende entsetzliche Situation schildern, die mir selbst mit meinem eigenen Hund passiert ist. Es ist keineswegs übertrieben oder geschönt. Ich werde dieses Gefühl nie vergessen, das mich nach dieser Szene überkam, ich wollte im Erdboden versinken, die Flucht ergreifen oder mich aus dem Staub machen mit den Worten „ich kenne diesen Hund nicht".

Unser Altdeutscher Schwarzer Hütehund war damals schon sehr weit in der Ausbildung. Er hatte die Begleithundeprüfung abgelegt, war mitten in der Ausbildung zum Rettungshund, hatte Wesenstests und Ausdauerprüfungen erfolgreich bestanden. Er war in einer Flegelphase, recht spät, muss ich gestehen, in der er Dinge ausprobierte, die nicht immer auf meine Zustimmung stießen.

Wir wanderten einen Weg entlang, als uns ein fremder, großer Mann entgegentrottete. Der Mann trug helle Shorts und weiße Tennissocken in den Sandalen. Er lächelte freundlich, ich rief meinen Hund zu mir und grüßte, da bat er mich, den Hund doch zu ihm kommen zu lassen. „Ich mag Hunde", beteuerte er. Also gab ich den Hund frei.

Der Fremde lockte meinen Hund freundlich mit Schmatzgeräuschen, klopfte sich an die Schenkel, und mein Hund ließ sich das nicht zweimal sagen. Er lief auf ihn zu, und während er gestreichelt wurde, hob mein Hund just das Bein und strullerte dem Fremden genüsslich über das Bein. Ich stand da und bekam vor Entsetzen den Mund nicht mehr zu, als sich die Tennissocken gelb färbten und die gelbe Brühe in den Sandalen stand. Es war beinahe schade, dass der Mann nicht reagierte und nur wie vom Donner gerührt stehenblieb.

Was mich von der Neufundländerbesitzerin unterschied war, dass ich bis heute die Untat meines Hundes nicht verteidige. Das allermindeste, was einem da über die Lippen kommen müsste, ist eine ausgiebige Entschuldigung. Dass solche Szenen zu Interessenkonflikten mit Nichthundehaltern führen, dürfte nachvollziehbar sein.

Für mich ist selbstverständlich, dass ich, wenn mir Menschen entgegenkommen, meine Hunde zu mir rufe. Am Abruf zu arbeiten, sollte für jeden Hundehalter selbstverständlich sein. Ein Hund, der nicht abrufbar ist, muss zu seiner Sicherheit und der Sicherheit anderer an die Leine.

Dass es nun bei vielen Hundebesitzern Gegenwehr gibt, ist mir klar. Einen Hund zu rufen und anzuleinen tun dem Hund nicht weh. Wenn ich mit Pferd unterwegs in, passiert es mir oft, dass Hunde angelaufen kommen und meinem Pferd an die Beine gehen. Mein Pferd ist mit Hunden vertraut, das ist nicht die Frage: Mit meinen Hunden. Fremde Hunde sind da etwas anderes. Ein Tritt kann einen Hund töten, das nur am Rande.

Nun gibt es viele Hundehalter, die nicht nur einen Hund mit sich führen, sondern mehrere. Es gilt als professionell, gleich ein Rudel Hunde an seiner Seite zu haben. Sechs oder mehr Yorkshireterrier sind beispielsweise keine Seltenheit. Den Anblick kennen wir aus Amerika, Dog Walker sind dort keine Seltenheit. Erstaunlicherweise laufen diese Hunde kontrolliert, mit Geschick kann man auch mehrere Hunde nebeneinander führen, doch eben das ist das Problem: Manchen fehlt dieses Geschick,

Ich treffe öfter eine Frau mit acht Windhunden. Das Argument der Hundehalter, Hunde schätzten die artgerechte Gesellschaft, ist absolut richtig, schließlich handelt es sich um Rudeltiere.

Es stellt sich trotzdem die Frage, wie ein Mensch, der einer geregelten Arbeit nachgeht, die Zeit findet, all diese Hunde auszubilden und individuell auf deren Bedürfnisse einzugehen. Man fragt sich, ob der einzelne Hund nicht zu kurz kommt, auch was seine Ausbildung angeht. Wenn ich mir das so ansehe, liegt das manchmal nahe. Das Ganze funktioniert nur, wenn ich ein Rudel auf einem gut hörenden Hund aufbaue. Zwei, die nicht hören, werden schwierig, noch mehr sind eine Katastrophe. Hunde lernen voneinander. Wenn einer nicht in der Spur ist, bekommt man die anderen auch nicht in die Spur.

Animal Hording ist leider kein Einzelphänomen mehr. Hunde brauchen Platz. 8 Windhunde in einer 50 qm Wohnung sind beispielsweise keine artgerechte Tierhaltung. Ein Mensch mit klarem Verstand würde einsehen, dass es den Tieren unter solchen

Bedingungen nicht gut gehen kann. Den Behörden ist das leider egal, es fühlt sich keiner zuständig.

Ein besonderer Sprengstoff für Konflikte sind natürlich die Hinterlassenschaften. Je mehr Hunde, desto mehr Häufchen. Hunde, die täglich ihren Kot vor der Kindergartentür absetzen, gibt es leider in der Realität. Es ist nicht schön, ein Kind im Auto sitzen zu haben mit einem frischen Hundehaufen an den Füßen. Der Gestank löst bei mir als Hundehalterin einen Würgereiz aus. Für Zornausbrüche meiner Mitmenschen über diese Haufen habe ich absolut Verständnis.

Es gibt verschiedene Lösungen: Die eine liegt in diesen biologisch abbaubaren Beutelchen. Wenn man da hineingreift, kann man den Haufen leicht aufnehmen, den Beutel duftdicht verschließen und entsprechend entsorgen. Dafür müsste man sich bücken. Was ist uns ein friedliches Zusammenleben mit unseren Mitmenschen wert?

Eine andere Lösung liegt in der Erziehung des Hundes. Unsere Hunde setzen sich nur zum Geschäft nieder, wenn sie keinen befestigten Boden mehr unter den Füßen haben. Es wird nicht auf Beton oder auf Wegen gekackt oder gestrullert. Dafür geht man an den Wegesrand oder ans Gebüsch. Rüden müssen auch nicht an die frisch polierten Felgen an des Nachbars Porsche pinkeln. Manche Menschen schaffen es, ihre Hunde so zu erziehen, dass diese wissen: An der Leine wird nicht gepinkelt und markiert. Im Freilauf darf man das.

Auch wenn Leute Wut haben über hohe Hundesteuern: Das Kind, das hineintritt in die Hinterlassenschaften oder die Oma, die Slalom laufen muss auf dem Weg zum Bäcker haben die Steuern nicht erfunden. Man lässt seinen Hass an den falschen aus.

Ein weiterer Konfliktpunkt sind die Lautäußerungen unserer Hunde. Der Schriftsteller Tucholsky stellte fest, der eigene Hund macht keinen Lärm, er bellt nur. Was beim eigenen Hund noch als nett befunden wird, ist für andere eine Zumutung.

Jeder Hund soll und muss sich laut äußern dürfen. Es ist eine Frage der Dauer. Auch wir haben Nachbarn, deren Hunde vehement Haus und Hof verteidigen. Es ist ein Zwerghund, der mit seinem stundenlangen Dauergeschrei das ganze Viertel tyrannisiert. Wenn ich zum Einkaufen fahre, bellt dieser Hund, wenn ich zurückkomme, bellt er immer noch.

Ein anderer wartet ab, bis sich jemand am Hoftor vorbeibewegt, um dann mit Getöse und aller Kraft dagegen zu springen. Unsere Tochter stürzte bei der Gelegenheit einmal vom Fahrrad. Man erschrickt bis ins Mark, man weiß nicht, ob das Tor standhält oder ob der Hund das Tor aus seinen Angeln reißt. Passanten gegenüber ist so ein Verhalten wenig erbaulich, um nicht zu sagen, eine Zumutung.

Viele machen es sich einfach, wenn man einen Hund tagaus tagein einfach in den Garten sperrt und dort walten lässt nach eigenem Gutdünken. Mit artgerechter Tierhaltung hat das wenig zu tun, denn der Hund kommt nicht zur Ruhe. Er echauffiert sich den lieben langen Tag und glaubt, beschützen zu müssen, wo es nichts zu beschützen gibt.

Dass die Nachbarschaft angesichts solcher Hunde Wut entwickelt, muss man auch als Hundehalter nachvollziehen. Die Lösung läge wie bei vielem in der Erziehung der Vierbeiner. Man kann einem Hund klarmachen, was man möchte und was nicht. Während andere Nachbarn ihr Rudel zurückrufen, wenn es anschlägt (was durchaus möglich ist), und diese dann augenblicklich still sind, ist es schlicht Faulheit und Unverstand, wenn andere Hunde stundenlang kläffen. Man könnte einen Trainer zu Hilfe holen, wenn man wollte. Doch Problembewusstsein haben viele nicht, und wo aus ihrer Sicht kein Problem besteht, braucht man keine Hilfe.

Ein weiterer Punkt, der zu Konflikten führt, ist die Notwendigkeit, Absprachen zu treffen zwischen Hundehaltern, wenn sich fremde Hunde begegnen. Auch an diesem Punkt tut es Not, darüber nachzudenken, was wir da an der Leine haben (sollten).

Als ich einmal ein Hundehalsband mit einer Telefonnummer in einem Naturschutzgebiet fand, rief ich die Besitzerin an, um es ihr zurückzugeben. Sie beteuerte, der Hund würde dort täglich herumstreunen, zwischen Bodenbrütern und seltenen Vogelarten. Er sei ja so lieb, wolle nur spielen und danach käme er alleine nach Hause. Auf meinen Einwand hin, er würde jagen, zeigte sie sich entrüstet. Daraus erkennt man die maßlose Naivität mancher Hundehalter.

Vögel sind kein Spielzeug für Hunde. Es ist keine artgerechte Hundehaltung, den Hund in Wald und Flur jagen zu lassen. Das ist völlig inakzeptabel. Ob der Hund groß genug erscheint, um ein Tier zur Strecke zu bringen, oder er allein gar keine Chance hätte, ein Tier zu töten, ist völlig unerheblich. Allein das Aufstöbern und Hetzen, das Beunruhigen eines Wildtieres in seinem natürlichen Lebensraum, ist ein No-Go. Wild wird nicht selten am Tage auf die Straße gejagt, totgefahren. Als Hundehalter sollte man sich der Verantwortung bewusst sein.

Es ist auch eine Unsitte, zu glauben, weil man einen Hütehund habe, könne man ihn an Schafherden spielen lassen. Der Schäfermeister benötigt knapp zwei Jahre für die Ausbildung eines einsatzfähigen Hundes. Der Stammbaum eines Collies macht noch keinen Hütehund, den ich auf eine Herde schicken kann. Er wird hetzen, treiben, die Herde in Panik versetzen. Schafe verlieren dabei ihre Lämmer. Sinn macht das keinen. Ich weiß, dass mein Hund in der Lage ist, Lämmer zu reißen und Hühner zu töten. Er spielt nicht.

Mir wurden schon Prügel angedroht, wenn ich Hundehalter darauf hinwies, sie möchten doch bitte ihre Hunde an der Herde sichern und im Bogen um die Herde herumgehen, nicht mittendurch. Ein befreundeter Schäfer könnte ein Buch darüber schreiben, es sind immer dieselben Diskussionen, wenn Leute mit ignoranter Dreistigkeit mit freilaufenden Hunden mitten durch die Herde laufen.

Auch wenn ihr Hund hört, lieber Hundehalter, seien Sie ein Vorbild und leinen ihren Hund in der Nähe von Weidetieren an. Eine Schafweide ist keine Spielwiese. Den Schafen schmeckt auch kein von Hundekot verschmutztes Gras.

Wiesen- und Felder, auf denen Nahrungsmittel für Mensch oder Tier produziert werden, sollten für Hundehalter auch tabu sein. Hunde sollten auf den

Wegen bleiben. Der Aufschrei „ja aber mein Hund möchte.." nützt da auch nichts. Kein Landwirt hat etwas dagegen, wenn Sie auf abgemähten Feldern Fährten legen, oder Ball spielen mit ihrem Hund, aber nicht in der Feldfrucht oder im Heu.

Es gibt kaum Hundebesitzer, die nicht ein Lied von der „Der tut nix" Fraktion singen könnten. Ich möchte nochmal betonen, dass unsere sozialen Vierbeiner Hundekontakt benötigen. Es sind Rudeltiere. Ein Rudel wird definiert aus einer Gruppe sich bekannter und vertrauter Individuen. Hunde, die zufällig beim Spaziergang aufeinandertreffen, sind kein Rudel.

Das Aufeinandertreffen fremder Hunde bringt für viele Hunde erst einmal Stress. Sie haben eine neutrale Begegnung nicht gelernt. Neutrale Begegnung heißt: Der Mensch führt den Hund mit Sicherheitsabstand an lockerer Leine an einem anderen vorbei. Es gibt kein Ziehen, kein Schnüffeln. An der Leine gibt es kein Kontakt. Der Hund bleibt auf seinen Menschen bezogen.

Geht man länger zusammen spazieren, gibt es in den wenigsten Fällen Probleme. Wenn man die

Hunde beobachtet, wie sie sich taxieren, und sie schließlich locker und entspannt nebeneinanderlaufen, wird man feststellen, dass das Abhaken der Leinen keinen Unterschied mehr macht. Die Hunde wandern stressfrei miteinander, schnüffeln gemeinsam mal hier, mal da. Es gibt keine Hatz, kein Drohen.

Voraussetzung ist hierfür, dass die Hundebesitzer sich über die Vorgehensweise einig sind und man die Hunde aus jeder Situation abrufen kann. Es ist hilfreich, wenn die Hundebesitzer sich gehend fortbewegen. Man sollte, um Eskalationen unter den Hunden zu vermeiden, nicht stehenbleiben. Jede positive Begegnung ist für den Hund hilfreich, es gibt nichts Schöneres als mit einem friedlichen Hunderudel zu wandern.

Nicht hilfreich ist es, fremde Hunde aneinander zulassen, sich Gesprächen hinzugeben oder gar zu telefonieren, während Hunde hintereinander herrennen. Mobben ist kein Spiel. Spielen können nur vertraute Individuen miteinander. Ein wichtiges Merkmal ist der Rollenwechsel.

Wenn die Größenverhältnisse zischen den Hunden nicht stimmen oder die Hunde tatsächlich aufgrund ihrer Disposition keinen Kontakt mit anderen Artgenossen möchten, sei es, weil sie territorial sind, die Rüden um die Gunst einer Hündin zanken, Schutztrieb hinzukommt oder einer den anderen jagt, tut man den Hunden keinen Gefallen, wenn man sie unkontrolliert aufeinander loslässt.

Kommt es doch zu einer Auseinandersetzung, weil beide Besitzer ihre Hunde zusammen laufenlassen wollen, sollte es selbstverständlich sein, dass beide wissen, wie sie sich zu verhalten haben.

Dazwischen zu greifen während einer Beißerei ist nie ein guter Rat. Es ist immer der bessere Weg, flott auseinanderzugehen und die Hunde zu rufen. Die meisten Hunde lösen sich dann, um zu ihrem Besitzer zu kommen. Dann werden sie gesichert, untersucht und gegebenenfalls die Daten ausgetauscht.

Man sollte als Hundehalter nicht anfangen, eine Schuldfrage klären zu wollen. Es sind Caniden. Aggressive Auseinandersetzungen sind nun einmal bei Hunden Normalität. Deshalb sollten Kinder nicht zugegen sein, wenn Hunde spielen. Leider rennen Hunde nicht selten beim Spiel in Personen hinein, und der Schwung, den große Hunde dabei entwickeln, birgt eine große Verletzungsgefahr. Deshalb plädiere ich dafür, umsichtig genug sein und die Hunde abzurufen, wenn Unbeteiligte dazu kommen, um diese nicht in Gefahr zu bringen.

Ebenso sollte es selbstverständlich sein, dass akzeptiert wird, wenn jemand darum bittet, den Hunden den Kontakt miteinander zu verwehren. Es ist traurig, dass man sich unter Hundehaltern oftmals rechtfertigen muss, wenn man diesen Wunsch äußert.

Ich gebe einige einleuchtende Beispiele:

Unser Rüde zog sich als junger Hund beim Ballspiel eine Schleimbeutelentzündung im Ellenbogen zu. Laut Tierarzt sollte der Hund ruhen. Es war bald klar, dass der Hund von dieser Anweisung nichts hielt. Also sollten wir schwimmen und Radfahren. Er sollte sich gleichmassig und ruhig bewegen.

In der Nähe unserer Wohnung befand sich ein Bach, und der Hund kannte es, an einer Stelle einzusteigen, um dann eine längere Strecke zu schwimmen. Ich lief am Bach entlang, er schwamm.

Traf ich in diesem Gebiet andere Hunde, war es deren Besitzern nicht beizubringen, ihre Hunde nicht auf meinen einstürmen zu lassen, obwohl ich ihn an der Leine führte. Es gab endlose Diskussionen. „Nein, er darf nicht spielen, er darf keine Wendungen und Stopps ausführen…" Warum solche Gespräche nötig sind, frage ich mich immer wieder, denn wenn ein Hund an der Leine entgegenkommt, sollte der Rückruf des eigenen selbstverständlich sein. Wie rücksichtlos ist es, dann zu entgegnen, wenn mein Hund so krank sei, solle ich eben zu Hause bleiben.

Unser Rüde hatte die Angewohnheit, unsere Tochter im Kinderwagen zu beschützen. Er schätzte es schon nicht, wenn sich fremde Personen über das Kind beugten, aber er mochte es noch weniger, wenn fremde Hunde zu uns hinrannten, um das Kind zu beschnüffeln und zeigte das auch deutlich. Leider reichte das einer Doggenbesitzerin nicht, um zu erkennen, dass sie ihren Hund besser hätte rufen sollen, bevor die Dogge meinem Kind das Brot aus der Hand stahl. Ich hatte alle Hände voll zu tun, meinen wütenden Rüden zu besänftigen, der dieser Dogge den Marsch geblasen hätte, doch wollte auch ich keine verletzten Hunde.

Als wir neben unserem Rüden unsere Hündin herlaufen hatten, wurde das Problem nicht kleiner. Ich verstehe bis heute nicht, warum man Menschen erklären muss, dass ein Rüde, der eine Hündin bei sich hat, nicht viel davon hält, wenn sich fremde Rüden in der Absicht nähern, sie zu besteigen.

Besonders lustig wird die Angelegenheit, wenn an dem Rüden eine Person hängt, welche körperlich nicht in der Lage ist, den Hund zu führen. Mein Mann nahm einmal einer Dame auf einem Parkplatz einer vielbefahrenen Straße so ein Exemplar ab. Der Hund zog sie schlicht zu meiner Hündin hin, welche die Zähne fletschte. Der Labrador wollte ihrer Meinung nach spielen, die Hündin nicht, also brüllte die Frau um Hilfe. Mein Mann nahm die Leine des Labradors zwischen zwei Finger und führte das verdutzte Tier zu ihrem Auto zurück. Warum geht man mit einem Hund hinaus, über den man keine Kontrolle hat?

Kurze Zeit später begegnete mir im selben Wald ein Mann mit einem Windhund, einem Tierschutzhund aus Ägypten. Das Tier sei ein Angsthund, erklärte er. Er könne den Hund weder rufen noch fangen, aber er käme schon wieder mit ihm nach Hause. Ich fragte mich, ob diesem Mann klar war, wozu Ägypter Windhunde haben und was der Hund wohl macht, wenn vor ihm ein Rehwild den Weg kreuzt.

Müssen wir uns da noch wundern?

Gib dem Menschen einen Hund und seine Seele wird gesund.

(Hildegard von Bingen)

Obwohl die Polizei, der Zoll, die Bundeswehr und die Rettungsorganisationen noch immer vierbeinige Arbeitskollegen ausbildet, die enorm wichtige Aufgaben erfüllen als Schutzhunde, Spürhunde, Drogensuchhunde und Rettungshunde, ist die tatsächlich arbeitende Fraktion unter den Hunden in der Minderzahl.

Es gibt noch Schäfer mit Hütehunden. Obwohl mir vor wenigen Jahren auf einer Veranstaltung eine Amtsveterinärin versichert hat, altdeutsche Hütehunde seien ausgestorben, konnte ich nur verwundert entgegnen, ich hätte ein paar davon im Auto, ob sie mal schauen wolle.

Das Arbeiten mit dem Hund tritt hinter der Tatsache zurück, dass die meisten Hunde nur noch Alltagsbegleiter sind. Das führt dazu, dass viele

Rassen inzwischen Zuchtlinien haben, welche suggerieren, dafür besonders geeignet zu sein.

Die Mehrzahl der Australian Shepards hüten nicht mehr. Sie werden ruhiger, verlieren aber auch ihr Talent. Viele ursprünglich als Hütehunde gezüchteten Rassen könnte man heute als Hütehunde nicht mehr gebrauchen, sie sind jedoch großartige Begleithunde.

Die Altdeutschen Hütehunde sind in Deutschland eine der wenigen, die nicht nach äußeren Merkmalen, sondern rein auf Leistung und Tauglichkeit für ihre Aufgabe gezüchtet werden, doch dafür kommen viele Menschen mit ihrem hohen Arbeitswillen nicht klar, und als Rasse sind sie aus diesem Grund vom VDH nicht anerkannt.

Natürlich bringt jede Rasse ihr Talent und ihre Begabung mit sich. Heute verändern sich jedoch die Einsatzgebiete. Man hat die Hunde als professionelle Begleiter für soziale Aufgaben entdeckt.

Doch welche Erwartungen werden geweckt, wenn wir Australian Shepards als Therapiehunde angeboten bekommen? Fakt ist: Man kann keinen Therapiehund züchten. Für alle Aufgaben, ohne Ausnahme, müssen die Hunde eine Ausbildung durchlaufen. Die Genetische Disposition mag die Voraussetzung schaffen, für bestimmte Aufgaben geeignet zu sein, doch erst die Ausbildung befähigt den Hund zur Verrichtung seiner Arbeit.

Dies gilt auch für den Therapeutischen Bereich. Kontaktfreudige Hunde haben viele positiven Auswirkungen, wenn sie dem Therapeuten als Helfer zur Verfügung stehen. Hunde können beruhigen, Türen öffnen, ausgleichend wirken, Stress reduzieren. Sie werden aufgrund dessen in Schulen, Altenheimen, Psychiatrien, in Kindergärten und Zahnarztpraxen eingesetzt. Sie finden überall neue Aufgabenfelder.

Der Hund ist Motivator und Co- Therapeut, bricht Widerstände gegen therapeutische Eingriffe, motiviert zur Mitarbeit. Es ist jedoch immer noch der Mensch, der Arzt, Therapeut, Pädagoge, der den Behandlungsprozess leitet.

In der Schulhundearbeit kann man keinen Hund in eine Klasse setzen und Wunder erwarten. Auch hier müssen Kind und Hund eng gelenkt werden. Der Hund fördert die Bereitschaft, Regeln einzuhalten. Lehrer und Lehrerinnen berichten, dass es im Klassenzimmer leichter ist, eine ruhige Arbeitsatmosphäre zu bewahren, wenn ein Hund im Raum ist. Kinder mit Lernschwächen fühlen sich durch den Hund in ihrem Selbstbewusstsein gestärkt und lernen leichter und motivierter.

Ob eine Leseschwäche oder eine Rechenschwäche vorliegt, ein Kind ADS oder ADHS diagnostiziert bekam- der Hund verhilft zu Erfolgserlebnissen, verhindert Schulangst und Prüfungsangst. Doch sehe ich das inzwischen kritisch. Soll nun der Hund kompensieren was in unserem Schulsystem falsch läuft? Muss der Hund Probleme lösen, die wir erst verursacht haben? Sind wir reif für Inklusion, wenn wir Hunde benötigen, die dem Kind Wohlsein schaffen in einem für sie schädlichen Umfeld?

Erst schaffen wir Leistungsdruck, und wenn das Kind damit nicht zurechtkommt, holen wir Hunde hinzu, um die Auswirkungen zu therapieren? Wäre es nicht sinnvoller, die Ursachen abzustellen? Ich als Pädagogin staune immer, wie viele Kinder Lernstörungen entwickelt haben. Bei diesen hohen Prozentzahlen, die inzwischen in den Klassen sitzen, sollten wir uns doch langsam an eine Reform begeben, die Ursachen beheben, anstatt den Kindern den Stempel des pathologischen aufzudrücken. Vielleicht ist das System krankhaft, nicht die Kinder.

Auch wenn der Einsatz eines Schulhundes nur ein Pflaster auf der Wunde ist, ist er sinnvoll. Es bedarf guter Vorbereitung, räumlicher Voraussetzungen und auch struktureller Voraussetzungen, dass ein Projekt mit Schulhund gelingen kann und der Hund sich dabei wohl fühlt. Dass ein Hund einen Rückzugsort hat, die Kinder an einem respektvollen Umgang mit Sachverstand herangeführt werden, ist die Grundlage einer sinnvollen Zusammenarbeit.

Die gesellschaftliche Akzeptanz ist nicht grundsätzlich gegeben. Bislang müssen Pädagogen und Pädagoginnen mit Schulhund um Akzeptanz ringen, viel Geld, Zeit und Mühe selbst investieren, den Hund ausbilden und dann Aufklärungsarbeit leisten, um den Hund überhaupt einsetzen zu können.

Die Schulhundearbeit kann zumindest ein Betrag dazu werden, Kindern den Umgang mit dem Wesen Hund beizubringen und Unfälle zu reduzieren. Dafür braucht es gut ausgebildete Pädagogen.

Wir müssen den Kindern Empathie und korrekten Umgang mit einem anderen Lebewesen vermitteln. Es darf nicht darum gehen, Hunde daraufhin zu selektieren, dass sie falschen Umgang dulden, oder ihnen unser übergriffiges Bedürfnis nach Nähe und Körperkontakt aufdrängen.

In Zeitungen wie im Internet wird häufig darum gestritten, wer Schuld trägt, wenn ein Unfall mit einem Hund passiert, egal ob dabei ein Mensch, ein Kind oder ein anderes Lebewesen verletzt wird. Die Reaktion der Politik, eine Hundeliste einzuführen, war ein eher hilfloses Statement, doch es führte keinen Schritt weiter und wurde der Sache nicht gerecht. Über Handlungsbedarf bestand Konsens, doch die Ausführung ließ zu wünschen übrig.

Viele Unfälle wären nicht nötig gewesen, hätte man die Vorgaben zum Tierschutz, die vorher bereits da waren, konsequenter umgesetzt. Es ist fehl am Platz, die Hunde zu verharmlosen, das zeigen die vielen schweren Unfälle mit tödlichem Ausgang.

Es fehlen Übereinstimmungen von Verhaltensgrundsätzen, wie wir mit Hunden umgehen und was wir von ihnen erwarten. Das Tierschutzgesetz fordert Sachkunde der Hundehalter, doch woher soll diese kommen und wer soll die überprüfen? Gleichzeitig fehlt es an der Bereitschaft der Hundehalter, Rücksicht auf Nichthundehalter zu nehmen und andersherum. Die Konflikte ließen sich lösen.

Sie lösen sich nicht durch mehr Vorschriften, wie die in der neuen Tierschutz- Hundeverordnung von 2020, die nicht überprüft werden können und für das Hundewohl nichts beitragen. Wer prüft schon mit der Stoppuhr, ob man mit Waldi die vorgeschriebenen zwei Stunden Gassi war? Wer überprüft auf

Hundeplätzen oder Hundesportveranstaltungen, welcher Hund im Auto wie lange wartet, bis er mit seiner Aufgabe oder dem Training beginnen kann, wo doch vorherige Vorschriften auch landauf landab übergangen wurden? Wer soll die Kontrollen leisten, wenn nicht einmal rudimentäre Vorgaben zu einer tierschutzgemäßen Haltung umgesetzt werden können?

Im Durchschnitt werden landwirtschaftliche Betriebe [ii] alle 18 Jahre kontrolliert. In Hundevereinen habe ich noch nie jemand gesehen, doch Menschen, die mit Hunden arbeiten wollen und sich Fachwissen angeeignet haben, wie Hundetrainer oder Leute in sozialen Berufen mit Tiergestützter Intervention werden oft mit vollkommen unrealistischen Vorgaben von Veterinärämtern malträtiert. An die eigentlichen Problemherde traut man sich nicht heran.

Wo es an landauf, landab an Ethik und Wissen fehlt, nützen Gesetze und Vorschriften auch nichts. Es könnte aber ein Anfang gemacht werden, in dem alle mit mehr Verständnis aufeinander zugehen, und es wird Zeit, dass die Hundehalter damit anfangen.

Hundehalter sollten auf Nichthundehalter Rücksicht nehmen, und andersherum.

Menschen ohne Hund sollten den Verdienst der Hunde in unserer Gesellschaft würdigen und eine wohlwollende Sicht auf die Vierbeiner behalten, auch wenn der Nachbarshund durch schlechte Manieren auffällt. Meist ist der Hund nicht der Schuldige, sondern der Mensch, der seine Verantwortung nicht wahrnimmt.

Die Hundeszene hat viele absurde Seiten. Von der Vermenschlichung der Vierbeiner angefangen mit Hundebekleidung und Hundejogginganzügen bis hin zur Befriedigung eines menschlichen Ehrgeizes im Sport, von der Profitgier der Züchter und Händler bis hin zu Ausbildern, Schönheitschirurgen und wer noch alles auf diesen Zug aufspringt- wer dabei auf der Strecke bleibt und selten gefragt wird, ist der Hund.

Wir haben die Gucci- Hundetaschenfraktion, und gleichzeitig die Worker: Sie outen sich mit spezieller Hundekleidung im Wald. Die Hundelaufschuhe, kombiniert mit Westen mit dutzenden Taschen für

Trillerpfeifen, Leckerchen und Clickern, Ballschleudern, mit Dummies, zeigen scheinbar den Hundeprofi. Der Hund trägt ein teures Geschirr mit Aufschrift und die Lederschleppleine ist aus speziell gegerbtem Bio-Leder.

Wem es besser geht, ist schwer zu sagen. Denn vielen Hunden ist gemeinsam, dass der Mensch seine eigenen hohen Erwartungen an sie heranträgt und sie instrumentalisiert.

Braucht der Hund einen zertifizierten Hundemasseur im Hunde- Wellnessstudio? Brauchen wir Hundeschwimmbäder und Hundehotels? Ich denke, das ist selten in Übereinstimmung mit dem, was der Hund an Bedürfnissen mitbringt und nicht selten unfair dem Tier gegenüber, dem nichts anderes übrigbleibt, als sich zu fügen.

Ich wünschte mir stattdessen den Zugang zu fundiertem Basistraining für Menschen mit Hund. Wir brauchen Vorgaben zur artgerechten Haltung, die auch überprüft werden können, und Stellen, die dafür zuständig sind.

Auch wenn der Hund nicht leidend aussieht, wenn er zwischen den Sofakissen ruht, muss die Frage erlaubt sein: wie viel Mensch braucht der Hund? Nicht „Wann ist ein Mann ein Mann" wie Herbert Grönemeyer sing, sondern „Wann ist ein Hund ein Hund?"

Mein Rat: Lassen Sie es zu, dass der Hund sie aus der technisierten Welt in die Natur zurückführt.

[i] https://www.nabu.de/tiere-und-pflanzen/saeugetiere/wolf/wissen/15572.html

[ii] https://www.landwirtschaft.de/diskussion-und-dialog/tierhaltung/wie-oft-werden-tierhaltende-betriebe-kontrolliert